不安定な世の中を生きる7つのヒント

心を強くする小さな習慣

高畑 好秀

はじめに

「安定感」と聞いて、どんなイメージが浮かびますか？　恐らく多くの方は、政治や治安の良い国に住み、業績の良い会社に就職して、家庭という安心できる場所を持つことが、「安定」というイメージなのではないかと思います。確かにそれは安定しています。ただし、「自分の立っている場所が、常にすべて安定していれば」という条件付きにはなりますが。

普通に大地の上に立って、「不安定さ」を感じる人はいないと思います。それこそボーっとしていても、不自由なく立っていられます。しかし、大地が大きく揺れたらどうなるでしょうか。途端にバランスを崩して安定感を失い、倒れてしまうでしょう。

それに対して、「バランスボールの上」というのは、安定感をまるで感じないですよね。まさに「不安定の象徴」のような場所だと思います。先程の大地とはまるで違っています。しかし、不安定だからこそ、立っているためには自らの力で安定感を保っていかなくてはなりません。つまりは、「自分自身の中に安定感をつくっていく」のです。土台が安定していれば、人は自力で安定感をつくり出す必要はありません。環境が安定していれば、自分自身は不安定になっているのです。環境が不安定なら、自分自身は安定しているとも言えるということです。

平和で、災害もなく、感染症もないような時に、その大地のような安定した土台の上に立てているのであればいいですが、今後の社会はいつ何が起きても不思議ではありません。やはり、そのような状況に立たされている自分たちは、自らの力で安定感をつくり上げていかなくてはならないのです。まさしく、土台となる社会が「バランスボールの上」のような状況になっても、しっかりと自分の力でバランスを保てる力を養っていかなくてはならないのです。その力こそがメンタルな部分であり、メンタルのバランス力なのです。環境依存型のメンタルではなく、いかなる状況にも、即座に対応できる自立型のメンタルが必要になっていきます。

ではここで、自分自身の身体が自分の心だとイメージしてみてください。皆さんの心は、バランスボールの上でも安定して立っていられるでしょうか。バランスというのは、身体でいうところの「体幹部分の強さ」と「身体全体の柔軟性」が欠かせません。大事なのは心の軸がブレないこと。これが心の体幹部分となります。そして臨機応変な心の柔軟性です。人間は時に弱かったり強かったりします。だから心が揺れるのは仕方ないのです。不動心はなかなか難しいでしょう。であるならブレない程度の微動心くらいでいいのです。

揺らぎのないものは、逆にポキッと折れる危険があります。適度の揺れも大切になるのです。心の軸がブレて自分の生き方を見失わなければ大丈夫です。そうすれば小さな心の揺れなら引き戻せます。それには確固とした心の軸があるからです。軸がなければ揺れがどうこう以前にフラフラと行ったり来たりしてしまうでしょう。まずは自分の生き方を見定めた軸をしっかりとつくり上げなければいけないのです。その上での微動心が大切になってくるのです。

本書は、不安定な世の中を生き抜いていくためのヒントを、7つの項目にまとめました。そして、それぞれの項目には、心を強くする小さな習慣を各11個、全部で77個紹介しています。どの項目、どのページから読んで実践していただいても大丈夫です。取り入れやすいと思ったものから始めてみてください。日常生活における皆さんのさまざまな場面での習慣を変えていくことで、心の安定力を身につけていただきたいと願い執筆しました。

激動の社会になっても、自分の心の安定感で絶妙なバランスを保ちながら、力強く、そして、しなやかに生きていきたいものです。

高畑　好秀

目次

ヒント3 長期的な視点を持つ……62

ヒント4

問題や不安を明確にする……88

ヒント5

体を健康にする……114

ヒント6 バランスを意識する

ヒント
7 柔軟になる

ヒント

1

自分自身を知る

人間というのは、他人のことは客観的なのでよく見えますが、自分のこととなると主観的になり、見えなくなっている部分が多いものです。また、それぞれ独自の価値観や考え方を持って行動しているので、ついつい「他人も自分と同じ価値観なんだ」と勘違いをしてしまいます。

そもそも価値観の違いは、他人と交わることで気づいたり自覚したりしますが、人付き合いが浅くなると、それができなくなります。すると、自分のことをよく知らないまま、客観性を持てずに日々を過ごして、漠然としたセルフイメージしか持つことができなくなるのです。

人間が行動するというのは、「自分で自分自身を動かしていくこと」でもあります。動かさなくてはならない相手を知らなければ、その動かし方や活かし方も不充分ということになります。自分に対して甘い見方をしてしまえば、そこから油断が生まれ、失敗を招くかもしれません。厳しすぎれば、どんどん自信を失っていき、新たなことに挑戦するのも避けるようになるかもしれません。ネガティブな見方をすれば、自分のあらゆる面がすべて短所のように見えるし、ポジティブな見方をすれば長所に見えてくるのです。

他人と比較して得られるのは「優越感」か「劣等感」。大切なのは、自分で勝手に自分自身の中にあるものを評価しないことです。まずは冷静に、「あるものをある」と認識すればいいのです。料理でいえば、冷蔵庫の中にどんな食材や調味料があるかを見るような感じです。今はそれを使うしかないのですから、その食材がどうこうという評価は必要ありません。料理をする時に考えるのは、「その食材をいかに美味しく活用して料理をつくるか」です。

それと同じで、今の自分にあるものを最大限にプラスに活用し、行動をしていけばいい。さらには、自分が置かれているのが不安な状況であるならば、その時々で中華か、フレンチか、イタンリアンか、和食かというように、状況に合わせた自分をつくり出していけばいいのです。しかし、自分の中にあるものが明確に分からなければ、不安な状況で何をどのように対処し、自分をコントロールしていけばいいのか分かりません。

人間は自分自身の中にあるものを勝手に評価したり、他人と比較して優劣をつけたりするので、本当の自分が余計に分からなくなるのです。自分を知るというのは、決して簡単なことではありません。だからと言って、凄く難しいものでもありません。不安定な世の中で、自分の中にある材料をどのように活用していけるのかを、大切にしていきましょう。

習慣
1

子どもの頃の懐かしい写真を見る

　子どもの頃というのは、思考力よりも感受性の方が強い傾向にあります。反対に、大人になって論理的な思考力が高くなってくると、感受性の方が弱まってしまいます。同じ映画を見ても、子どもの頃には純粋に涙し、無邪気に笑っていたものが、大人になると素直に感情に響かなかったり、面白いと思えなかったりという経験がある人も多いのではないでしょうか。

　プロ野球選手に時々、子どもの頃の野球小僧だった時の写真を見せてもらいます。その写真を見ながら、選手は野球を始めた当初の、純粋に野球が大好きだった感情を思い出します。そして、今の自分が、自分の原点であるあの頃と同じように、野球を捉えられていないことに気づくのです。大人になるにつれて身につけていく論理的な思考力は、仕事をする上ではとても大切です。しかし、人の心の動きをしっかりと感じ取ることができる感受性も、同じくらい大切になります。

　昔の懐かしい写真を見てみるというのは、感受性の強かった子ども時代を再体験することでもあります。写真を見ながら、当時の出来事やその頃に感じたことなどを思い出し、味わうことで、自分の感受性に刺激が入り、感受性も再び高まってくるのです。思考力と感受性とのバランスを心がけることがとても大切です。

習慣
2

一日一言日記をつける

日記をつけるのが苦手な方は多いと思います。それは、たくさん書かなくてはならないという先入観から、心が負担を感じているからかもしれません。そこで一言日記をご紹介します。それも成功日記。今日という一日を夜に振り返り、小さな成功でもいいので、成功したなと思うことを一言書くだけです。

人は成功したことを忘れやすいものです。すると、「自分はいつも失敗だらけだ」というセルフイメージが出来上がっていきます。しかし、この日記が一年続けば365個の成功体験集になるわけです。自分自身に自信を失ったり、失敗したことばかりが頭に浮かんでしまうような時には、この日記を引っ張り出して読み返してみてください。夜に一日を振り返ったり、成功したことを探し出したりする作業というのは、プラス思考を習慣化させる意味でも大切になります。

一言に慣れてきたら、成功したことだけを書くのではなく、その成功に至るまでの過程を簡潔に書いておくと更にいいでしょう。その過程が蓄積されていくと、自分は成功する時には毎回こんな行動をしている、こんな風に考えている、といった傾向が見えてくるようになります。そうした無意識の行動や思考の傾向を顕在化させることで、自分なりの成功の方程式を持てるようになっていくのです。

習慣

3

好きなことに正直になる

よく「好きなことが見つからない」という方に出会います。その多くは「好きなことがない」わけではなく、「好きなことに関する仕事がない」ということのようです。「好きな仕事が世の中にない」⇓「自分自身の選択肢がない」⇓「ないから選べない」という思考になってしまっているのです。

そのような方は、次の３つのステップを実行してみてください。①「あなたの好きな世界、居心地の良い世界はどんな世界ですか？」という大きな部分から自分自身に問いかけます。スポーツ、音楽、科学……。何でも結構です。②「あなたの得意とか興味のある技術は何ですか？」と自問します。人のお世話をする、誰かを説得する、といったことで大丈夫です。③①、②で挙がった、好きな世界と得意なことを組み合わせます。この際に、世の中にあるかないかではなく、自分の頭の中でこんな仕事があったらいいな、と考えます。そして、その創作した仕事を、イメージの中で膨らませていくのです。

想像力を駆使して頭の中で何かをつくり上げ、それを具体化するためにはどうすればいいのかを論理的に考えていきます。ないものをイメージという想像力で空想し、その空想をしたものを思考という創造力で具現化していくということです。好きなことがないではなく、好きなことは「無」から「有」に自らがつくり上げていけばいいのです。

習慣

4

与えてもらうより与えることができる自分を意識する

大人になると、無意識のうちに損得勘定を働かせ、自分が損をしないような生き方を身につけていく場合が多くなると思います。得ばかりを考えていると、与えるものを減らし、与えてもらうものを増やそうという発想になってしまいます。すると人間関係ひとつ取ってみても、得ができる人とばかり人脈をつくり、心の繋がりを大切にした人間関係が築きにくくなります。そんなスタイルが日々積み重なると、大きなストレスになるのです。

他人から何かを与えてもらうことばかりを考えていると、すべてとは言わなくても、損得の関係が切れた時に人は離れていくことになります。そうならないために、一日の中でほんのわずかな時間でも良いので、自分が他人に何を与えられるのか、そして何を与えることができたのかを考えましょう。与えることは失うことではありません。自分が与えたことは相手の心の中に生き続け、同時に、喜びや感動の共有という形でその相手から自分に与えられています。与えることとは、すなわち与えられることなのです。

損得ばかりにとらわれず、自分から心を開いて与えていくように心がけましょう。それは人生を豊かにしてくれます。なぜなら、自分という存在の意義が強く感じられるからです。日々の中で、他人の喜びを自分の喜びのように感じることのできる生き方を大切にしていけると、幸せな人生になっていくと思います。

習慣

5

自分の役割を明確化する

仕事でも日常生活でも、人は何かしらの役割を担って生きています。しかし、だんだん自分の役割が不明瞭になったり、自分の役割に漠然とした不満を抱くようになったりしていくものです。役割というのは、言い換えれば「求められている自分の必要性」ということでもあります。人は他人から必要とされなくなることが最大のストレスになります。必要とされなければ、自分の存在意義さえ見えなくなってしまいます。

役割の明確化は、自分の存在意義の明確化。まずは、客観的に自分のどんな力や性格などが求められて、その役割が与えられているのかを考えてみましょう。その役割に不満を持つ方もいますが、任されたのは、他人が自分の中にあるものを認め、必要としているからです。少なくとも任されている間は、その力や性格をどんどん磨いて特化させてやろう！くらいに考え、それを自分の武器と呼べるくらいのものにしていけばいいのです。

スポーツの世界でも、チームの中で何をすれば自分もチームも活かせるのかを認識することが大切です。誰もが自分の納得できる役割ではないでしょう。でも、それに徹することができれば、チームの中での存在意義を見出していけます。自分の役割の価値を決めているのは自分自身。本来は役割に上も下もないし、どれも必要なのです。大切なのはお互いが感謝の思いを持ち、主役も脇役も全員が自分の役割の中で輝くことです。

習慣

6

一言メモを取る

日常の中での閃きや発想、アイデア、誰かの言葉で考えたり感じたりしたことなどを、メモで残すようにしましょう。仮に記憶に残しておく自信はあっても、次々に過多な情報が入ると、雑多な記憶の中に埋没する危険性もあります。また、何よりメモしたことは、その時々の自分の状態によって、読み方、理解度、感じ方、考え方が変わります。だからこそ、足掛かりとしてのメモは大切になります。

メモをキーワードに、後々に自分自身の考え方の整理や思考の発展をさせていくこともできます。いちいちメモを取るのは面倒かもしれません。しかし授業のノートではないので、キーワードになる一言で大丈夫です。内容の本質を一言でメモすることは、頭の中で要点を簡潔に押さえるトレーニングにもなります。その瞬間ではメモを取ろうが取るまいが大して差はないように感じることも、時間の経過と共に意味合いが大きく変わっていくものです。何事もその場限りにしてしまうと、発展性は生まれません。

トップアスリートの中には、練習中に掴んだ感覚を「ストーン」「ギュギッ」のような感覚言語でメモに残す人も多くいます。他人が見たり聞いたりしても訳が分からないと思いますが、メモはあくまでも、本人の今後の手掛かりになればいいものです。皆さんも軽い気持ちで、メモを取る習慣を身につけていっていただきたいと思います。

習慣

7

自分の心の中の馬を乗りこなす

仕事でも日常生活でも、自分の心の在り方によって実力が思うように発揮できていないという感覚をお持ちの方は多いと思います。自分の心を上手にコントロールしようとする時、メンタルという目に見えないものが相手だと、漠然とした感じになるからです。そこで、自分の心を視覚化できる別の何かに置き換えると、理解しやすくなります。

例えば、心を馬に置き換えてみましょう。そして、自分の中に潜む馬を、いかに乗りこなすかを考えるのです。猛烈に意気込んでいる馬は、乗りこなそうとしても変に暴れてしまいます。制御するためには、ドウドウと話しかけて、なだめていかなくてはいけません。反対に、臆病になっている馬にムチを入れれば、瞬間的には走りますが、これまた恐怖で力んでしまいます。そんな馬には、伸び伸びと走る楽しさや爽快感を、改めて気づかせてあげましょう。まずは、馬の状態を客観的に観察することと、馬の持つ潜在能力を引き出してあげようとすることが大切になります。馬を否定するのではなく、馬を信じるのです。

騎手としての自分が、どうすれば馬としての自分を気持ち良く走らせることができるかを、第一に考えてあげましょう。先走ろうとする気持ちを抑えたり、後退りする気持ちを前向きに楽しくしたり。自分の馬を乗りこなせるのは自分だけです。自分らしく騎乗し、自分の馬の力を最大限に発揮させれば、何事にも楽しく取り組んでいけると思います。

習慣

8

ときどき自分の目的の見直しをする

家の中の小物や自分が身につけている物などの絵を、実物を見ずに思い出しながら描いてみてください。例えば腕時計。いつも身につけ、時間を確認するために一日に何度となく目にしているはずなのに、なかなか正確に描けないものです。恐らく、買う時にはそのデザインが気に入って、そのデザインが目的で購入したはず。しかし、購入してからは時間を見ることが目的になってしまったため、思い出せなくなっているのです。

人は同じものを目にしても、目的が異なれば目に入る情報は違ってきます。また、ある目的で何かを始めても、やり続ける中で無意識に変わっていくことがあります。目的がゆっくりと変化していくので、本人が自覚できていないことも多いのです。まずは、目的がズレていると気づくことが大切です。そして、そこから原点をイメージし、当初の気持ちを思い出して目的をセットし直すことで、モチベーションを高めていけます。

あるプロ野球選手が、「プロゴルファーになれば良かった」と口にしたことがありました。どうやら、当初は憧れのプロ野球選手として活躍することが目的でしたが、選手寿命が短くてお金を稼げる年数が少ないから、年を重ねてもプロで活躍できるプロゴルファーがいい、という話になったようです。つまり、いつの間にか目的がお金に変わってしまったのですね。その選手に入団当初のイメージをさせると、その頃の気持ちを思い出し、モチベーションを上げてくれて、１３５勝の勝ち星を挙げる投手になりました。

習慣

9

自分の価値観を大切にする時間をつくる

「大人買い」という言葉があります。子どもの頃に思う存分買えなかったオモチャや駄菓子などを、大人になって大量に買う、子ども返りのようにも映るこの行為を、不思議に思うことはありませんか。これは、大人になっても自分の中に残っている純粋な心が、普段買わないようなモノを実は求めている、ということではないでしょうか。

大人になると、世間に自分の価値観を合わせる生き方をする方も多いと思います。しかし、子どもの頃は価格やブランドなんて関係なくて、大人から見れば何の価値もないようなガラクタが宝物でした。時間もまた、特別なことはしていなくても、何物にも替えがたい経験や、ささいな感動が凝縮された宝物のような時間だった気がします。その頃は、他人や世間の価値ではなく、自分自身の価値観でそれらを持てていたはずです。本当は年齢なんて関係なく、自らの価値観で宝物ができるといいと思います。世間の価値観にばかり振り回されて生きていると、他人からの評価でしか満たされなくなってしまいます。

もちろん、誰もが世間の中で生きているのですから、世間の価値観を全く意識しないというわけにはいかないでしょう。生活の中の一部分だけでもいいので、オモチャや駄菓子のような、純粋に自分が求める価値観で過ごす時間や購入するモノも持てるように心がけてみてください。すると、心のバランスが上手に保てるのではないかと思います。

習慣

10

道端に咲く一輪の花に目を向ける

忙しい日々を過ごしていたり、何かに落ち込んでいたり、イライラしていたりして心にゆとりや余裕がなくなると、道端に咲く一輪の花にも目が向かなくなります。仮に目には留まっていても、きっと心で感じることができない状態。そんな時を「自分の心が追いつめられているのだ」と気づくための、一つの基準にしておくといいと思います。また、心がそんな状態にあるというのは、思うように物事が進まない焦りや不平不満を抱えていることが多いので、いつもより意識して道端の花に目を向けていくようにしましょう。

そして、少しでもいいので次のようなことを考えてみてください。「花は自分の意志では決して動くことはできなくても、黙って自分の運命を受け入れて、懸命に根を張り、自分の花を咲かせている。しかし、人はいかなる場所や境遇に生まれようが、自分の人生を切り拓いていく強い意志と、求める選択と、流した汗で何にでもなれ、どんな場所にも行くことができる」と。人間は自由であり、自分の力で人生をつくっていけるのです。

人生には、自分の意志や力ではどうしようもないようなことが起こります。どうにも辛くて苦しい時は、運命を受け入れ静かに美しく咲く花の姿を見て、自分がそこで咲かせることができるのは、どんな花なのかを考えてみるようにしましょう。何気ない一葉の風景が、時に心を慰め、時に心を強くしてくれることもあります。

習慣

11

体裁や見栄を少しずつ脱ぎ捨てる

よく「プライドを傷つけられた」という言葉を耳にします。そもそものような人は、プライドとは何なのかをよく理解できていないのではないでしょうか。真のプライドとは、見栄や体裁で表面を取り繕うことではなく、表面を脱ぎ捨てられることのように感じます。本当に守るべきものは、他人の評価や体裁や見栄や格好ではなく、自分自身の生き方の価値観や哲学を貫くことなのではないでしょうか。他人の評価を気にして自分の生き方に妥協や諦めを持った時こそ、自分で自分自身のプライドを傷つけてしまっているのです。

大切なプライドならば、たとえ無様でも、なり振り構わず、他人がどう評価しようが、自分で最後まで守り貫いていかなくてはなりません。他人の評価を懸命に得ることが、プライドを守るということではないのです。自分の核となる部分がプライドであって、表面的な部分は、プライドには関係ない見栄や外聞に過ぎないのです。

ある極真空手の世界チャンピオンは「世界一を取れなくてもプライドは傷つきませんが、自分が求めてきた空手ができなかった時にはプライドが傷つきます」と話していました。また、2000本安打を達成したプロ野球選手は「2000本安打を打てたことよりも、その何倍もの凡打を打って、その悔しさや惨めさを乗り越えてきたことにプライドを感じています」と。真のプライドは、自分の中に強さがなければ持てないものなのです。

ヒント

2

心を動かし続ける

不安定な状況においては、誰もが不安から守りの気持ちになり、心の中に閉じこもってなかなか自ら行動していこうという意欲が湧かないものです。そんな時は、何かしら自分自身の心を、意識して動かしていくことが大切になります。

池の水は停滞していると、どんどん淀んでいきます。部屋の空気も換気をせずにいると、息苦しさを感じます。また、高いビルはある程度の揺れという動きがなければ、地震などの大きな力が加わったときに倒れてしまいます。このように「動く」というのはとても重要なことなのです。

それは心も同じです。不安定な状況下にあって、その状況で心が不安になったり、苦しくなったりした時に、その心の状態にとらわれてしまったまま心が動かないでいると、心はどんどんと淀んでいきます。また、心に揺れ幅がなく硬直してしまうと、簡単に心は折れてしまうのです。

よく、何事にも動じることのない「不動心」という言葉が使われますが、人間である以上、不動心はなかなか難しいものです。人間はその時々で、強いこともあれば弱いこともあるのです。不安定な状況で心が揺れるのは仕方のないこと。むしろ、ブレない程度の「微動心」くらいでいいと思うようにしましょう。適度の揺れは大切なのです。何より大事なのはブレないこと。未来に向けてプラスの方向性を見失わなければ、心は揺れても大丈夫です。

あとは、小さな揺れなら引き戻すことができます。それは「未来に向けての希望」という、確固とした心の軸があるからです。軸がなければ揺れがどうこう以前に、フラフラと行ったり来たりしてしまいます。まずは、方向性を見定めた軸をしっかりとつくり上げた上での、微動心が大切になります。

とにかく、不安定な状況の時に心をずっと動かさずに、そこにじっととらわれていると、逆に心の不安や恐怖はどんどん大きくなっていきます。不安定な状況の時こそ、どんどんと心を意識して動かしていくことが大事なのです。

心が止まれば淀みますが、逆に、心が動けば心は晴れてくるのです。心は止めずに、積極的に動かすように心がけましょう。そうすると、不安定な状況の中で不安で何一つ行動に移せないという状態から、思い切って行動してみようと、前向きな気持ちになっていきやすくなります。

習慣

12

「当たり前」と思っていることに常に疑問を持つ

固定観念は怖いものです。自分が意識していなくても、知らないうちに「○○でなければならない」「○○しなければならない」という考えに縛られていることがあります。そうすると、自分は狭い世界に押し込まれてしまいます。自分の固定観念の世界の中だけで考えるのは、さまざまな可能性を自らが消しているようなもの。固定観念を打ち破れば、その外側には広い世界があり、多様な可能性が広がっているのです。

そこで、固定観念に対して常に疑問を持つことを習慣にしてみましょう。「本当に○○でなければいけないのか？」「自分が目指していることに対してそれらが本当に必要なのか？」「もっと違うやり方はないのか？」等々。「こうでなければならない」と考えている頭の中に、常に疑問を投げかけるのです。この時に、自分の頭は自分自身について「こうなんだ」と思い込んでいるので、他人の頭を取り入れるようにイメージしてください。自分の知っている自分とはタイプの違う人を想像します。その人ならこの疑問に対してどのように考えるだろうか、と考えてみるのもいいでしょう。

スポーツのプロチームでも、最近では違う競技経験の深い方や、その競技とは無関係な方が社長に就任されるケースが増えています。それは、そのプロスポーツの競技周りの固定観念を打ち破って、新たな発想で発展をさせていきたいと考えるからこそです。

習慣
13

普段行かないお店に足を運んでみる

多くの人は自分の中に、ストレスや不安を感じずに落ち着いた気持ちでいることができる「コンフォート・ゾーン（安楽ゾーン）」を持って生活しています。慣れ親しみ、心に何の不安も感じることなく精神的に楽なため、その心の領域からなかなか出られなくなるのです。大きな意味で言えばサラリーマン生活もそうですし、日常のことで言えば行きつけのお店をつくったり、決まった美容室に行ったりというのもそれです。

コンフォート・ゾーンが強くなると、頭の中にも考え方などの「思考のコンフォート・ゾーン」なるものが出来上がります。すると、「いつも〇〇と考えているから今回も同じように考えておけば楽でいい」となってしまうのです。そうなると、ますます自分の殻に閉じこもり、新たな考え方などを自分の中に取り入れることが難しくなります。思考のコンフォート・ゾーンにはまらないためにも、意識していつもと違うお店に行くなど、慣れない環境に冒険していくようにしたいものです。

最初のうちは面倒臭く感じたり、初めてのことに対する不安を感じたりすることもあるでしょう。ここで注意したいのは「慣れない不安」ではなく、「未知なる新鮮さ」の方に意識を向けることです。また、普段とあまりにかけ離れたお店を選ばないことです。一気にコンフォート・ゾーンを打ち破ろうとすると、逆に執着してしまう危険性があります。コンフォート・ゾーンは少しずつ広げていくくらいが、無理がなく丁度良いと思います。

習慣
14

自分以外の他人に想いを寄せる

誰かが苦しい思いをしていたら、そっと手を貸す。辛い思いをしていたら、温かな笑顔を向ける。悲しい思いをしていたら、共に涙する。人間の心は自分だけのものではないと思います。自分の心が誰かの心を癒やし、助けることだってできます。誰かが元気になって笑顔に戻れば、自分の心も幸せの笑顔に包まれるでしょう。

「人は年を取るにつれて自分には二つの手があることに気づきます。ひとつは自分自身を支えるため。もう一つの手は他の人を支えるため」。Sam Levensonの詩の一節です。これは心にもいえることで、自分自身の小さな勇気が、相手を思いやる行動を生み出すことができます。自分自身の幸せも大切ですが、自分だけの幸せよりも周りに幸せの輪が広がる方が、もっと幸せに感じるのではないでしょうか。周りに笑顔が広がれば、こんな喜びはないと思うのです。

人間の心の中には、愛情というかけがえのない大切なものがあります。愛情を大切にして生きていけば、人間は一番幸せに生きられるように感じます。皆さんも、ほんの少しでいいので、周りを見渡す余裕を持ってみましょう。きっと、心の中で声にならない叫び声を上げて、助けを求めている人がいるはずです。その心の声を心の耳で聴いて、心から誰かの力になっていける生き方を大切にしたいものです。

習慣

15

できない言い訳を探すのではなくできる言い訳をする

日本人は、黙して受け入れるのを良しとし、言い訳をするのを嫌う傾向にあります。しかし、言い訳といっても「何の未来にも繋がらない言い訳」と、「未来を切り拓いていく言い訳」があることを、理解していただきたいと思うのです。できないことの言い訳をして、できない自分を肯定することは簡単。では、できないことにどれだけ本気で取り組んだのでしょうか？　できないことに全力を注いだのでしょうか？　大してやってもいないのにする「できない言い訳」は、可能性を消すだけです。どうせ言い訳を考えるなら、できる言い訳を考えて挑戦していきましょう。

できると考えるからこそ、初めてどのようにしたらできるのかを本気で考えます。本気で考えるから、さまざまなアイデアや発想も生まれてくるのではないでしょうか。さらには、そうして出てきた方法だからこそ、真剣に取り組んでいくこともできるのです。

スポーツの試合で負けた時、負け惜しみのような言い訳をする選手は非難されがちです。しかし、すぐに負けを認める選手よりも、負けてもなお「あの時にあのプレーができていたら勝てた」と勝てる言い訳ができる選手の方が、実は伸びていくのです。その言い訳にこそ、勝ちに繋がっていく可能性を探し出そうとする意志が働いているからです。もちろん、やることもやらないで言い訳しかしない人は、どんな言い訳だろうが論外です。

習慣

16

知識を実践して知恵に変えていく

何かを知って満足という方は、案外多いように思います。知っただけなのに、すでに自分はできているかのような錯覚を覚えるからでしょう。知っていることと、できることとはまるで違います。「知る」と「できる」の関係は本来、知ったことを実践してできるようになり、できるようになることで、さらに知りたいと望むものだと思います。

知識は知識のままでは使い途はありません。知識を取り入れるだけでは、知識のままで終わってしまいます。繰り返し実践することで、知識は知恵になり、そうして初めて、できるようになると言えるのです。そこでさらに知識を入れ、どんどん知識を実践に移していけば、上達することができるでしょう。

何かしらの知識を得た時に「この知識を仕事や日常生活の中でどのようにして使ってみようか」と考える習慣を持ち、頭の中に「知識⇒使う（実践）」という回路をつくっていただきたいのです。今の時代はネットを触るだけで、いとも簡単に知識は増えていきます。大切なのは他人よりも知識を増やすことではなく、知識を一つでも多く生きた知恵に変えて、自分の本当の力をつけていくことです。企業でも最近は「頭でっかちの社員は使えない」と認識されています。たくさん知識を持っているよりも、知識を即実践に移して知恵に変えていける、行動力のある社員を求めているということでしょう。

習慣
17

美術館に足を運ぶ

あなたは日頃、美術館に行きますか？　有名な作家の展示会があるからというのではなくてもいいので、時間を見つけてフラッと、という感じで気軽に美術館に足を運んでみてください。自分は芸術に造詣が深くないし、絵とかに興味なんてないし、という方でも大丈夫です。ここでは、ひとまず芸術どうこうの話ではありません。

例えば絵は、作家が絵を通して何かを伝えようとしています。絵というのは、一つの伝達方法であり、表現方法です。同じ人物画でも、何故この作家は人の顔をこのように伝達したかったのか、何故このように表現したのか、と考えてみましょう。正確な表現は恐らく写真ですが、その絵が不正確かと問われれば、その作家には正確なのです。要は一つの被写体を見ても、伝え方は多岐に及ぶのだということに気づいていただきたいのです。

誰かに何かを伝えようとする時、自分の中にどれだけ言葉による表現方法や伝達方法があるでしょうか。絵と言語は形こそ違いますが、さまざまな絵を通して、感覚的な表現方法の引き出しを増やしておくことはプラスになります。内容は良いのに、伝えようとする言葉が心に届いてこないということがありますよね。表現できる引き出しは何十通りもあった方が良い。表現方法の遊び心を増やすには、表現にどこまでも自由が許される芸術に触れて、自分の感性を刺激するのが一番だと思います。

習慣
18

狭い常識を打ち破る

ある世界の常識が、別の世界では非常識ということはよくあります。一つの世界に長く身を置いていると、そこの常識が絶対的なものになり、頭の中でもその範疇でしか考えられなくなってしまうのです。そんな常識に自分で風穴を開けるためには、勇気を持って違う世界を覗き、新しい刺激を自分の中に取り入れて、実際に挑戦することが大切です。

例えば、あなたがある業界で何かをしようと思いつきましたが、その業界の常識に照らし合わせて無理だと判断したとします。ここで、無理だと判断した理由を細かく紙に書き出してください。そして、自分が属している業界や組織とは別の世界に属する人10人に、それを説明するのです。恐らく「そんな理由はうちの業界では通じないよ」と、あなたのできない理由を潰してくれるでしょう。それはすなわち、自分の世界以外ではできない理由になっていないということです。自分の世界の常識を捨て去れという話ではありません。それを土台に、違う世界の新しい常識を積み上げて、広げていけばいいのです。自分が今いるのは、大きな世界のほんの一部でしかないと理解することが大切です。

プロ野球選手の自主トレーニングで、野球以外のアスリートと一緒に行うケースが増えています。これも、野球界の常識や定石を超えて、新たな発想やアイデアを自分の中に湧き上がらせ、自分の世界を広げたいと思うからこその行動なのです。

習慣
19

選択に迷っても
正解は自分自身で
つくれると考える

人生にはさまざまな分岐点があります。多くの人は、選んだ道で成功すればその選択を正解だと考え、失敗すればそれを不正解だと考えます。しかし、自分がどちらの道に進もうが、大切なのは、進んだ道を正解にしていくのだという、自分自身の覚悟なのではないでしょうか。分岐点は宝くじ的な運ではありません。自分を、そして自分が選んだ道を、信じ抜いていくしかないのです。正解をつくってくれるのは運でも他人でもなく、自分自身でしかありません。どちらを選択しても自分次第で正解になるし、不正解にもなるのです。成功する人は、分岐点での選択肢をどちらの道に進もうが、成功すると思います。

道そのものには正解も不正解もないことを理解しておきましょう。多くの人がその分岐点に立たされた時に、一方が正解、もう一方は不正解という二分法で考えます。二分法は、どのようにしていくかという過程は二の次で、どちらが成功するかという結果だけに意識が向きます。分岐点に立たされた時には、二分法ではなく「どちらも正解なのだ」と最初に考えることです。そして、それぞれを成功に導いていくための過程を二通り考えましょう。どちらが正解、不正解ではなく、自分で正解にしていくための覚悟を持つのです。

そうすれば、本当の意味での自己責任が生じます。その上で選択したことならば、途中で「あっちにしておけば良かった……」という迷いは少なくなるでしょう。どちらを選んだかではなく、自分の取り組み方次第だと腹を括って進んでいくことが大事です。

習慣

20

自分を向上させる宝物を探す

親しくさせていただいている認知心理学の大学教授の先生から、「一般の人とホームレスの人とで、道に落ちているお金を見つける能力は5倍くらい違う」というお話を聞きました。意識してお金を探して歩いているのか、何となく歩いていてお金が目に飛び込んでくることの間には、5倍の違いがあるということなのです。さらに言えば、落ちているという前提で歩くのと、どうせ落ちているわけはないという前提で歩くのとでは、同じ行動をしていても、目に入る情報がそれくらい違ってくるということでもあります。

日々の生活の中には、自分自身を向上させていくためのヒントが転がっているものです。何か一つでも「自分を向上させていくための宝物を絶対に拾ってやるんだ！」という気持ちで一日を過ごしみましょう。漫然と過ごしていては気づかずに素通りしてしまうようなことでも、意識を持って探せば必ず見つかります。それは出会った人の中の誰かでもいいし、耳にした言葉でも、目に飛び込んできた何かでも、何でもいいのです。

宝探しのような気持ちで「いいヒント見つけた！」と過ごしていけば、日々も楽しく、得した気分になっていくように感じます。できれば、それをノートの表紙に「宝物箱」と書いて、一日に一つ自分の宝物をストックしてみてください。子どもの頃の宝物箱とは違い、大人の宝物箱には自分を育てていく大切なエッセンスが詰め込まれていきます。

習慣

21

絵本や詩集、小説を声に出して読む

言葉というのは、それそのものはお互いの共通の符号で、コミュニケーションを図る上での単なるツールでしかありません。ただ不思議なもので、相手の心の深くに届く言葉もあれば、耳元を素通りしていく言葉もあります。それは言葉に命を吹き込んでいけるかどうかの違い。その言葉に自分の想いや愛情をどれだけ込めていけるかなのだと思います。

言葉に出す前に、少しでもいいので相手の性格や現在の状況などを想像してみてください。それこそが相手に思いを寄せるということです。それは相手を大切に思うからこそ。そして相手への想いを、言葉の一つ一つに命として吹き込んでいくのです。たとえ拙い言葉であっても、命が込められた言葉は相手の心に届いていくのではないかと思います。

AIロボットがどんなに上手に良いことを言ったとしても、棒読みのような言葉の羅列となり、恐らく心には届かないのではないでしょうか。それは、言葉に感情や想いという命が吹き込まれていないからです。言葉に命を吹き込んでいくための練習として効果的なのが、音読です。簡単な絵本や詩集などから始めるのがいいでしょう。まずは黙読をします。そして次に、そこで自分が感じたこと、考えたことなどを言葉に込めて、声に出して読んでみましょう。慣れてくれば小説などを一冊普段通り黙読し、感動したり強く何かを感じたりしたページを音読してみるのもいいと思います。

習慣

22

「ちょっと」にこだわってみる

練習中の「ちょっと」を大切にできる選手は、素晴らしいと思います。ちょっとした感覚、ちょっとした変化、ちょっとした成長、ちょっとしたアイデア……。そういった「ちょっと」の多くは、練習の流れの中に埋没し、自分の中を素通りして忘れていってしまいます。そこで流されずに立ち止まり、「ちょっと」の意味を求めていけるか。それは練習の質にも繋がっていきます。

「ちょっと」が積み重なってこそ、大きなものになります。ちょっとした感覚でコツが掴めることもあれば、ちょっとしたコツで技術が格段に上達することもあるのです。反対に、ちょっとした身体の違和感が大きな怪我に繋がることもあります。「ちょっと」を大切にしていける選手が伸びていくのは間違いありません。

日常生活のあらゆる場面でも、私たちはさまざまな「ちょっと」を感じているはずです。人間関係においてちょっとした違和感があったり、仕事の中でもちょっと分かってきたような気がするぞ！と感じることがあったり。子育て中の方なら、子どもの様子がいつもよりちょっとおかしな気がする、などもそうです。そこで大して気にも留めずに流してしまうのか、その「ちょっと」にこだわるのか。こだわることで、その後の危機を回避したり、大きなチャンスに変えたりできることも、あるのではないかと思います。

ヒント

3

長期的な視点を持つ

よく「明けない夜はない」という言葉が使われます。不安定な状況の中に置かれると、人は目先の不安や迷いばかりに目が向きがちで、どうしても短期的な視点になってしまいます。しかし、不安定な状況も、近い将来には必ず変化していくはずです。

それなのに短期的な視点で不安にばかりとらわれていると、どうしても気持ちはネガティブな方向に向かい、悲観的になっていくことでしょう。そうなると、今できることに対してさえ意識が向かなくなっていきます。何一つ手をつけられないまま、ただ不安の渦の中で心身を固くしていては、本当に前に進んでいけなくなってしまいます。

そんな時こそ、来るべき夜明け、つまり不安定な状況が変化していく時を見据えていかなくてはいけません。すなわち、長期的な視点が大切になるのです。不安定な状況が変化し、好転し始めた時のことを考えていると、当然前向きな気持ちになれるはずです。いつまでも永遠に続く安定もない変わりに、不安定もないのですから。

未来に対して前向きな気持ちになることができれば、その来るべき未来が来た時に、全力で行動に移していける自分でいなくてはなりません。そのような考え方でいられれば、今は不安だからと固まっている暇はありません。今の積み重ねが未来に繋がるからです。

長期的な視点で未来を見ながら、「そこに向かう今という過程の中で何ができるのか？

何を準備をしておけばいいのか?」と考えていけるはずです。不安定な状況の今だからこそ、できることもたくさんあります。そのようにして行動を積んでいるからこそ、転換期にさらに大きく行動に移していけるのです。

人は長期的な視点で将来を見据え、そこに楽しみや幸せを感じるからこそ、そこに少しでも近づいていきたいという意識が強く働き、前向きな気持ちと行動になれるのです。雨降って地固まるという言葉もあります。今の自分にとって不安や不都合に思えることでも、その先には「それがあるからこその、何かいいことが待っているんだ」と考えてみるのもいいと思います。

そう考えると、目の前の短期的な不安や苦しみに対しても、捉え方が少し変わっていくのではないでしょうか。それも不安定な状況の中で長期的な視点を持つための、大切な要素となります。不安定な状況の時こそ、放っておくと「今」という時間に執着してしまうので、意識して長期的な視点で「未来を見る」習慣が、とても重要になっていくのです。

習慣

23

無駄と思えることに真剣に取り組む

「何でこんな無駄なことをしなくてはいけないのだろうか」と疑問に感じることは、仕事でも日常生活でもあると思います。しかし、無駄と判断しているのは自分だけの考えで、その無駄と思っていることが世の中に淘汰されずに存在しているということは、何かしらの意味があるはずです。「何でこんなことばかりやらされるんだ」と不満に思い嫌々やるのか、「どうせやるなら、これを何かに繋げてやる！」と貪欲に何かを掴み取ろうとするのか。同じことでも、気持ち一つで得られるものは変わってきます。

効率的な世の中にあって、非効率的なことには実はとても重要な意味が隠されているかもしれません。例えば、メールの時代になぜ手書きの葉書を送らなくてはならないのか。無駄じゃないか？　というネガティブな疑問ではなく、手書きの意味は何だろう？　というポジティブな疑問を持つ習慣をつけていくと良いでしょう。

自分に与えられた環境は、自分に何かを教えてくれようとしています。もしかすると、その意味はその時には理解できないかもしれません。しかし時間が経つと、「あの時にやっていたのはこういうことだったんだ」と腑に落ちることもあります。ただし、一生懸命にやっていなければ、その意味にさえ気づけず過ぎていくかもしれません。無駄に思うようなことこそ、謙虚に、一つ一つ真剣に取り組んでみるといいと思うのです。

習慣

24

物事に対して自分なりのこだわりを持つ

仕事でも日々の生活の中でも、自分なりのこだわりを持つことはとても大切です。上から言われた通りにやっておけばいい、みんなと同じようにやっていればいい、あるいは、自分にはこだわりはあるが組織の中で出してしまうと反発を受けて浮いた存在になる、といった考えで、こだわりを捨てたり見失ったりする人が増えているようです。

こだわりを持つと、その取り組みに目的意識が生まれてきます。目的意識のない行動は、ただの作業と、時間と労力の浪費になるだけで、何をやっても自分自身の実力は高まりません。小さくてもいいので、何かに取り組む以上は、そこに自分なりのこだわりを持つようにしましょう。このこだわりは、周りに主張するものでも、自分勝手にやりたいことをやるということでもありません。あくまで、表向きの行動としては周りに協調しながらも、心の内面では明確な個の目的意識を持って同調しないということです。

スポーツ界でも、チーム練習というと、全員で同じことをすると考えている選手が多いものです。もちろん練習メニューは同じでしょうが、一人一人の選手の課題も違えば、実力も違います。取り組む意識も違っています。全体に協調しながらも、自分という個にしっかりと向き合うことが大切になるのです。そうしないと、全体の中に個である自分が完全に呑み込まれて、練習の目的がぼやけて曖昧なものになってしまいます。

習慣
25

いつもより10分早起きする

トップアスリートたちは、試合の直前には試合のさまざまな場面を想定をした上での、メンタルリハーサルを行います。それは対戦相手をイメージして、そこに相手の実力、プレースタイル、性格などの要素を加えて、試合での駆け引きなどを考えていく、試合のシミュレーションです。

私たちの日常生活に置き換えてみると、試合の直前というのは、仕事に取り掛かる前の朝の時間に当たります。できればその時間を使って、一日の仕事の流れや、シミュレーションをしっかりとしておきたいものです。そのために、いつもの起床時間よりも10分早く起きて、その時間を持つようにしましょう。

人は、一度体験したことと似たようなケースでは、落ち着いて対処することができます。この体験というのは、何も実体験でなく、イメージの中での仮想体験でいいのです。この想定では、考えうる最高の流れや駆け引きというプラスのイメージをすることはもちろん大切なのですが、考えうる最悪のパターンも想定しておくといいと思います。その最悪のパターンの中で、自分がどのように動けば良い結果に導いていけるのかという過程を、プラスに考えてイメージしておくのです。朝のほんの少しの早起きとこの作業を行っておくことで、心に余裕も生まれてきます。

習慣
26

自分を主人公にした映画をつくる

試練の時、苦しくてもその試練の内容や意味を正確に理解でき、乗り越えた先に実力をつけて活躍できている自分の姿がしっかり見えれば、踏ん張れると思います。同じ苦しさでも、意味のない苦しさと未来に繋がる苦しさとでは、その感じ方は変わってきます。

苦しみを越えるには、明確なビジョンとストーリーが必要です。そこで、自分がなりたいビジョンをしっかりと持てたなら、そのビジョンで完結する映画をイメージの中で制作してください。映画監督はもちろん、主人公も、脚本も音楽担当も、さらには観客もあなた自身。今はこんなにどん底で苦しんでいても、もがきながらも最後はビジョン通りの結末になる映画です。観客の自分が主人公の自分に、心から声援を送りたくなるような映画がいいでしょう。音楽も自分の感動を増幅させるのに効果的な、好きなものを頭の中で流せばいいのです。感動は快感ホルモンのエンドルフィンを分泌するので、苦しい時こそ、このようにしてランニングハイのような状態を自分でつくり出せば、苦しみの感じ方が変化していきます。変な言い方ですが、苦しい時こそ自分を上手に酔わせていくのです。

マラソンのオリンピックメダリストにこの方法を実践しました。その選手は走っていて苦しい時に、自分のイメージの映画に感動して、走りながら涙が出たそうです。そこで踏ん張る力が一段と湧き上がり、それがメダルに繋がったのです。

習慣

27

「一」の意識を大切にする

一生懸命にやっているように見えるのに、最後に惜しい結果で終わる人がいます。ある程度のゴールが見えてきたら、ふっと気が緩み、油断してしまうのでしょう。「ここまで頑張ってきたのだから、この辺で、まっ、いっか」。この手抜きが、妥協が、諦めが、後悔に繋がっていくのです。もう一手間を、もう一踏ん張りを大切にできるかどうか。この「一」を意識できるかできないかで、取り組んでいることの完成度は変わってきます。

たかだか「一」程度の小さな尽力に、周りは気づかないかもしれません。しかし、他人を誤魔化せても自分は誤魔化せません。まさに自分自身の中での戦い。後悔の涙を流すくらいなら、今この時に全力で汗を流した方がいいと思います。「一」を疎かにすると「あと一歩足りなかった」「もう一息だったのに」と、「一」で泣くことになるかもしれません。

山登りをイメージしてみてください。苦しい思いをしてやっと山頂付近まで辿り着いたのに、苦しくて辛いからとギブアップしますか？　妥協しそうになった時には、「一」のことを思い出し、そして山頂を目の前にして「ここまでの苦労を中途半端な苦労で終わらせてしまうのか」と自問自答してみてください。最後のギリギリまで一踏ん張りして、一手間を惜しまずに取り組んでいくこと。これをやれるかどうかで、後々の成果は大きく違ってくるように思います。やり抜くとは、そういうことなのではないでしょうか。

習慣
28

逃げ道を断つために日々の逃げ道をつくる

何かに覚悟を決めて取り組もうとする時に、逃げ道を断ち切って臨んでいくことはとても大切です。始めたのはいいが、すぐに辛くなった、上手くいかない、面倒臭くなった、と逃げてしまうようでは、何事も成し遂げてはいけません。しかし、逃げ道を断ち切って継続的に何かに取り組むというのは、自分自身をかなり追い込むことになります。きっと、辛くて辛くて仕方ない時も出てくるでしょう。

逃げることが許されないというのは、時に絶望的な気持ちになります。そこで、逃げ道を断ち切って進むために、心の中に逃げ道を用意しましょう。矛盾しているように感じる方もいらっしゃいますよね。心の中の逃げ道とは「いつでもやめてやる」というものです。しかし、それは本心ではありません。「いざとなればいつでもやめていいんだ」と自分自身に日々言い聞かせることで、心の中にゆとりと余裕が生まれるのです。

その余裕があるからこそ、どんなに苦しくても「明日やめればいいから今日だけは踏ん張ろう」と思えます。次の日も同じように考えて、それを一日一日と先延ばししていけば、気づけば一番苦しい時を乗り越えられていることもあります。勘違いしてほしくないのは、この逃げ道は、覚悟を決めて逃げ道を断ち切った時だけ効果的なのであって、中途半端な気持ちで取り組んでいる人にとっては、本当の逃げ道になるということです。

習慣

29

レベルに合わせた合格ラインを設定する

どれだけ猛勉強しても、東京大学の入試で100点を取るのは無理でしょう。一般的に入試の合格ラインは6割とされています。でも小学校の足し算、引き算くらいなら、その時にしっかり勉強していれば100点は取れるはずです。勉強はレベルが上がれば上がるだけ、どれだけ勉強しようが、合格ラインは下がるものです。

これは仕事においても同じではないでしょうか。勤め始めた当初は任されることのレベルもそんなに高くはないので、真面目に取り組んでいれば、きっと自分の中で100点に近い満足感を得ることができます。しかし、勤務年数を重ねる度に仕事のレベルも高くなり、100点を取れていた時のような満足感が減っていきます。当然、仕事の成功率も下がってきます。昔の幻影に捉われて、自分は昔のように仕事で好成績を残せなくなったと考えてしまうと、自信を失ったり、挫折感が大きくなったりします。大切なのは仕事のレベル、そして今の自分の勤務年数や仕事の内容と照らし合わせた合格ラインを、自分で決めていくことです。初級は10割、中級は8割、上級は6割という具合です。

もちろん、やる以上は常に10割を目指しますが、上級レベルの仕事であれば6割できた感を持つことができれば、自分の中で合格と認めてあげましょう。これは妥協ではなく、理想と現実の正確な認識です。「足るを知る」ことは、人生においてとても大切です。

習慣
30

英語の思考パターンを取り入れてみる

日本人は優柔不断な人が多いと言われます。明確な意思表示をしなかったり、自分の意思をぼかして伝えたり、敢えてどちらにも取れるように表現したり。いつでも自分の意見を翻せるように色々と布石を打つという光景は、確かにあらゆる場面でよく目にします。それは日本人特有の処世術なのかもしれません。しかし、あまりに優柔不断な態度ばかりを取っていると、人から信頼を失ってしまうようなケースも出てくると思います。

日本人に比べ、アメリカ人は自己主張がはっきりしていると言われます。その思考パターンを少し意識して発言するようにしてみましょう。日本語の場合「私は・今日・隣のテニスコートで・テニスを・友達と一緒に・するつもりだ」という流れで、「する」という意思表示は最後にきます。対して英語は「私は・するつもりだ・テニスを・友達と一緒に・隣のテニスコートで・今日」という流れで、「する」という意思表示は先にきます。先にやることを明確に示してから、それを実現させるための方法を順番に考えていく思考です。

優柔不断な方は、まず、やるのかやらないのかの意思を明確にしてください。思考の入り口であれこれ悩むから、最後に出す結論も曖昧になり、優柔不断な態度になってしまうのです。最初にしっかりと結論を明言し、やると意思表示をした以上はそれを実現させるために、何をどうしていけばいいのかを考えるようにしましょう。

習慣

31

敢えて3年の期限を設定する

サラリーマン生活は約40年にわたるロングラン。定年まで完走するなら、ある程度余力を残して走らなければという発想になり、一日、一年が何となく「あっ!」という間に過ぎていくでしょう。一方で、学生スポーツは、「3年間」と期限が切られています。一日の練習は長く苦しいかもしれませんが、一生続くと思うと押し潰されそうなことでも、ゴールが見えているからこそ、心血を注いで打ち込めるという側面があります。期限を意識するからこそ、そこに至るまでの一日一日の貴重さが実感できるのです。

そこで、仕事も40年のロングランと考えるのではなく、一度、3年の期限を自分の心の中で引いてみましょう。3年したら会社を退職すると想定するのです。そうなると3年後には独立しなくてはならず、それまでに自分のあらゆる実力を高めておかなければなりません。一日一日が貴重になるし、身につけておかなくてはならないこと、学んでおかなくてはならないことに、全力で取り組むしかなくなります。

そして、3年が来たら本当に独立してもいいし、会社が好きならまた次の3年の期限を設定して、次なる夢を実現できるように過ごしていけばいいのです。自分の中でそのように3年更新にし、その3年は全力で走りましょう。結果として40年のロングランをダラダラ走る同僚よりも、遥かに自分の実力は高くなっているはずです。

習慣

32

自分なりの言葉の合図をつくる

仕事などでミスしてしまった時、そのミスに引きずられて、なかなか気持ちを切り替えられないという方は多いと思います。そこで、気持ちを切り替えるための言葉の合図をつくるようにしましょう。人間はA＝Bという関係が繰り返されると、Aという合図で条件反射的にBが喚起されます。ここでは、Aを決まった言葉の合図、Bを自分自身の前向きな気持ちだとします。できれば言葉は短く、毎回同じものにすると良いでしょう。すると、その合図の言葉がミスをした時に前向きな気持ちになるためのトリガーになって、自動的に気持ちを切り替えてくれます。

トップアスリートにも言葉の合図をつくるように伝えています。試合でミスした時はあれこれ考える前に「よし！次！」と、練習で疲れた時は練習が嫌になる前に「まだまだ元気！」と口にしてみるのです。するとそれが合図になって、気持ちが切り替わりやすくなります。そんな自分なりの言葉を持って、口にするのを習慣にしてください。

落ち込んだり、イライしたり、深みにはまる前がいいです。先手を打って自分自身に言葉をかけ、気持ちを切り替えるように心がけましょう。人は後ろに向かって時間を生きてはいけません。前に時間を生きていくしかないのです。取り返せない時間をウジウジ過ごすより、これからの時間を前向きに取り戻していく方が、遥かにいいと思います。

習慣
33

「自分ルール」をつくる

世の中には3つのルールがあると思います。1つ目は法律などで明文化されたもの。2つ目は常識や道徳など一般社会に暗黙に存在する通念的なもの。3つ目は自分のためだけの絶対的な約束事「自分ルール」。それらを破ると、1つ目は刑罰があり、2つ目はヒンシュクや非難を受けます。しかし3つ目は何もありません。だからこそ、自分の中のルールを守り続けて生きていくのは、本当に難しいことだと感じます。

自分ルールは、自分自身を育て上げていく道標のようなもので、個性を輝かせ自分らしく生きるために必要なものだと思います。よってそれは、守ることができない、継続していけないものでは意味がありません。考え方の基本としては「人生をどう生きていきたいのか」ということがベースになります。そして「その生き方を貫いていくにあたって、自分が大事にしていかなければならないことがルールになっていく」のです。

人生は迷いの連続で、選択を迷った時に頼りになるのが自分ルール。仮に「挑戦し続ける生き方をしたい」というベースがあるなら、楽な道と厳しい道では「敢えて厳しい道を進む」のも一つです。人間の心は揺らぎやすく、楽をできるという心の甘い誘惑に乗りそうになることもあります。そんな時は、自分ルールと迷いを照らし合わせ、それに合致した選択をしましょう。繰り返していくうちに、自分らしい生き方がつくられていきます。

ヒント

4

問題や不安を明確にする

人は不安定な状況に置かれると、不安定であるということばかりに意識が向いてしまい、その原因にも、その状況が及ぼす心の不安の原因などにも、なかなか意識が向きません。漠然とした状況に、漠然とした不安を抱えているのです。それがさらに不安を拡大させていることもあります。

スポーツ選手でもスランプになった時に、具体的な原因ではなく「何か調子が悪い」と口にします。それが心にも影響して「今日の試合で結果を残せなかったらどうしよう」という不安に煽られてしまう。これは一番怖いことです。

仮に「今の不調の原因は○○だ」と分かっていれば、それだけで不安の大半は収まります。さらには、「問題を解決するためにはこれをやればいい」という道筋さえ立てることができれば、あとはその道筋を懸命にやるだけ。不安がどうこうと言っている暇さえなくなります。

これは病気などでも同じです。懇意の大学病院のお医者さんと話をした折に「大学病院に検査に来る患者さんの多くは、不調の原因が分からないんです。それは不安ですよね。でも、原因が分かると、多くの方はホッとした表情になるんです」と話されていました。そして「自分の仕事は、原因を見つけて解決方法を提示することです。あとは患者さんの自己治癒力です」とおっしゃいました。面白いもので、不安が軽減されると前向きな気持ちになり、自己治癒力は高まっていくのです。

このように、不安というのは、原因が分からない不調から生じ、原因が分からないまま不調の状態が続くことで、どんどんと膨らんでいきます。そうなると、負のスパイラルに突入していってしまいます。そもそも人は、得体の知れないものに不安を感じやすいのです。変な例えですが、幽霊がいるかどうかは別にして、正体が見えないから恐怖や不安になるのです。

新型コロナウイルスにしてもそうです。正体が分かり、治療法が分かることで、社会的な不安は大きく減少していくのではないかと感じます。要は、不安定な状況そのものが不安というよりも、不安定の原因や対処法が漠然としているからこその不安を抱えている方が多いのではないかと思うのです。

そのくらい「問題や不安を明確にする」というのは大切なことです。そのためには、目の前の表面的な不安定の状況ばかりに目を向けるのではなく、その原因という深層的な部分を探求していく習慣が必要になっていきます。

習慣
34

自分の心の天気予報を見る

心の中が太陽の見えない雨のような状態でも、太陽は雨雲に隠れているだけで、決してなくなっていないことを忘れないでください。希望の光は、今は消えたように思えても、自分があると信じて見続けていけば、必ず姿を現してくれます。しかし、見るのを諦めれば、見えない状態は続いていくでしょう。

見続けるにはエネルギーが必要です。希望は変わらずにあるのだということを疑いなく信じ抜いていなければ、持てるものではありません。そこで、一日に一回でいいので、テレビの天気予報を見るように、自分自身の心の天気予報を見てみましょう。まずは、今の自分が求めている「希望」という太陽は何なのかを明確にします。今日の自分の心は希望の見えない曇り空なのか、辛くて泣きたくなるような雨空なのか、といった具合に。そして、その雲になっている要因が何なのかを考えてみるのです。

要因の雲が見つかったら、みなさん自身が自分の心の気象予報士になります。この雲（要因）は放っておいても自然に数日で消えていくのか、自分がはね飛ばしていかなくてはならないものなのか、などを考えるのです。心の天気予報を見ることで、太陽が今は見えなくても、永遠に見えないわけではないということが分かるはずです。そうすれば、絶望することなく、太陽を待つことができるようになるでしょう。

習慣
35

余分なモノを捨てていく

家の中を見渡してみると、案外、必要のないモノがたくさんあるのではないでしょうか。断捨離®がよく言われる昨今ですが、モノを捨てるのはメンタル的にも良いことです。モノを捨てることができない人の大きな特徴として「いつか必要になるかもしれない」、もしくは「このモノには大切な思い出がある」と考えていることが多いようです。

前者は、今の自分の生活で必要か必要でないかの判断がつけられないか、今は必要ないと理解しつつもとりあえずストックしておこうとする人だと思います。心や頭の状態はそのまま行動に表れるので、一度、「頭の中＝自分の家」、「情報＝モノ」だと想定してみましょう。すると頭の中は、雑多な空間になります。家の中を整理することで、取捨選択する思考の練習をするのです。今の自分が使うモノだけを残していくようにすれば、頭の中でも今必要な情報だけを残していけるようになるでしょう。

後者は、情の深い方だと思います。情が深いことは人としては魅力的ですが、時にそれゆえの失敗もあるでしょう。人を信じすぎたり、情に流されて判断を誤ったり……。思い出深いモノを捨てるのは心の痛みを伴いますが、情の深さは大切にしながらも、時には情を断ち切ることも大切です。断捨離®は、そのために心や頭の弱点を克服する練習だと考えて行ってみてください。部屋がスッキリすると同時に、心も頭もスッキリするものです。

習慣

36

他人の良いところを見つける

今の世の中、人間関係でストレスを抱えている方は多いと思います。そのストレスの一番の原因になるものは何かを考えてみると、気が合わない、自分にとってマイナスな存在でしかない、といった相手に対して感じるマイナス要素ではないでしょうか。

そもそも個人として存在する相手は、極論すれば、ただそこに存在するだけで、自分にとってプラスでもマイナスでもないのです。一度、相手をフラットな存在として、認識をリセットしてみてください。そして、相手のプラスの面を探します。どうしてもマイナスに強くとらわれて難しい場合は、自分が相手に対してマイナスに捉えている要素だけを取り上げ、それをプラスに置き換えてみましょう。プラスとマイナスは表裏一体。例えば、「あの人のノロノロした所が嫌」⇓「のんびりした穏やかな性格なんだ」とか、「あの人の自分への厳しい言葉が嫌」⇓「私に嫌われてでも私に良くなってもらいたいから厳しい言葉を言ってくれているんだ」という具合に変換することができます。

すなわち、批判する前に、相手に対する自分の頭の中での捉え方を変えていくのです。相手のプラスの面を探して、プラスに変換していく習慣が身につくと、自分自身を見る時にも自分のプラスの面を探したり、マイナスに思えていたことをプラスに変換できるようになります。自分にも自信を持つことができ、さらなる良い効果が生まれるでしょう。

習慣
37

嫉妬するのではなく羨望するようにする

社会を生きていれば、他人を見て「○○はいいな」と思うことはありますよね。嫉妬か羨望か。嫉妬は人の足を引っ張ろうとする行為に、羨望はその人に一歩でも近づこうとする行為に繋がります。どうせ他人を羨むなら、追いつけ追い越せでいきましょう。相手を引き摺り降ろすのではなく、自分が相手を越えていくようにすれば良いのです。

一歩でも相手に追いつき追い越せというのは、何も羨望の相手と同じモノを求めるということではありません。仮にどうしてもかなわないなら、角度を変えてその相手にはない自分の部分をどんどん伸ばし、互角に勝負できるようになれば良いだけです。同じ土俵で勝負して、かなわないと妬んでも仕方ないのです。自分の中にないものを妬んでも始まりません。自分の中にあるものをどんどん磨いていけばいいのです。

例えば、野球の投手は誰もが150キロのボールを投げられるわけではありません。であるなら、変化球をとことん磨くとか、球の出所が分からないようなフォームにして球を速く見せるとか、自分にできることに意識を向けてそれを磨きましょう。要はバッターを打ち取ればいいのですから。嫉妬するのではなく、違う土俵で自分を磨いていけば、150キロの投手とも互角に投げ合えるのです。自分にあるものでいかに工夫して、互角にまで持っていくかを考え抜いた方が、はるかに未来に繋がってきます。

習慣
38

自分自身に負けず嫌いになる

大人になって改めて振り返ると、幼少期から他人と自分を比較された経験は多いのではないでしょうか。親からも学校の先生からも、挙げればきりがないと思います。比較されると、自分でも自分の立ち位置を周りと比較して認識するようになります。しかし、比較から生まれるのは、誰かより上なら優越感、誰かより下なら劣等感のいずれかです。

優越感に浸っていると自己満足に、劣等感に浸っていると無力感に繋がります。要は、優越感も劣等感も、人が何かに取り組む上での根本的なモチベーションには繋がらないということです。ならば、周りや誰かに対してではなく、自分自身に対して負けず嫌いでいましょう。自分の中での少しの成長でも、それをきちんと評価して「自分はしっかりと力をつけてきている。ここまでできるようになったのだから、もっとできるようになれる」というように、モチベーションに繋げていくと良いと思います。

自分自身の実力を高めていけば、他者と比較しなくてもその実力にふさわしい立ち位置を任されている可能性は高いと思います。周りを気にしてキョロキョロする暇があったら、もっと真剣に自分自身を見つめましょう。もし、自分自身に負けていると感じるようなら、他人に対して負けず嫌いがどうのこうのという話ではありません。やることもやらないで、人と比較して自分はダメだと落ち込むようなことは意味を成さないのです。

習慣
39

就業前に2つの準備をする

就業前には準備として、まず「自分は何ができないのか」を明確にしておくことが大切です。そして、それが何故できないのかを分析し、どのような手段を用いれば解決するかを考えていきます。仕事に対する曖昧な意識は、自分のその日の活動をさらに曖昧にしてしまいます。漠然と仕事をしていてもなかなか実力はつきません。意識を持って仕事に取り組むため、せめてこれくらいは考えておかなくては、その日の仕事を意味あるものにはできず、次なる課題さえ持てずに終わることになりかねません。

もう一つの準備は、その日の仕事の中の何か一つでもいいので、「仮にこの仕事で○○したら結果はこうなるのではないだろうか」という仮説を立てて臨むことです。その仮説を仕事の中で実験し、立てた仮説の結果を受け止めます。そして結果を検証、考察し、次なる仮説を立てて、仮説⇓実験⇓検証⇓考察⇓仮説……を繰り返します。

「仕事」という意識では、上の人に仕える事という行動になり、言われた通りにやっておけばいいというスタイルになってしまいます。自ら力をつけていくためには、仕事ではなく「試事」という意識で捉えていきたいものです。試すためには、事前にしっかりと自分の頭の中で考えて準備をしていないと、試すことさえ何もないという状態になってしまいます。そんなことにならないよう、この2つの準備を習慣化させましょう。

習慣
40

「現状⇒理想⇒行動」を紙に書き出していく

「今の自分に満足できないから自分を変えていきたいな」という声をよく耳にします。「変えていきたいな」という願望ばかりを口にしていても、何一つ変わりません。「変えていくんだ」という強い意志と、変えていくための行動が必要です。ただ、思いつきで行動に移そうとしても難しいでしょう。

行動に移す前に、次の順番で頭の中を整理します。①紙を用意して縦に均等に3分割で線を引く。②左側に今の自分の現状で気になることを箇条書きで書き出す。③右側にその現状に対しての自分の理想を対比する形で書き出す。④真ん中に、現状と理想との開きを埋めるため日々心がけていく行動を書く。

次に、その行動欄に書き出した行動に対して、自分なりの難易度を5段階（簡単な行動1⇒難度の高い行動5）で評価します。そして、自分の評価で一番簡単な行動を一つだけピックアップして、まずはその一つの行動だけを意識して生活していくのです。難易度の高い行動は途中で挫折してしまう可能性が高いので、簡単な行動から慣らしていきましょう。さらに、その行動で理想に近づけたと感じたら、次に難易度の低い行動を意識して理想に近づけていきます。現状を自分の行動で理想に近づけたというのは自信に繋がり、自分を変えていくモチベーションも高まるのです。

習慣
41

一日一回基本に立ち返る時間を持つ

物事に慣れてくると、基本の大切さを忘れることがあります。それは、基本は初心者のためのもので、自分はもう初心者ではないという意識があるからかもしれません。そして人は、自分の個性を打ち出していきたいと考え始めます。しかし本来、基本は物事の基盤であり、初心者だけのものではないのです。建物で言えば基礎工事のようなもの。どれだけ年月を経ても、その物事に慣れてきても、常に欠かせない大切なものなのです。

そこで、一日に一回は基本に立ち返る時間を持つようにしましょう。個性は基本というベースの上に積み上がっていきます。個性は良いことですが、この個性が時に間違った方向に向くこともあるのです。基本というのは案外つまらなく感じがちで、早く基本から卒業して先に進みたいという気持ちも強くなるでしょうが、それによって基本を無視し、独自の形をつくり上げていく過程の中で、スランプになることはよくあるのです。どんどん基本から離れ、勝手なものをつくり上げていき、途中から何が何だか分からなくなります。大事な基本が抜け落ちた個性は、土台から崩れていくのです。

プロ野球で守備の名手と呼ばれるある選手は、試合前の練習では一回も欠かすことなくコーチからボールを手で転がしてもらい、基本の捕球姿勢を丁寧に30回ほど反復していますす。試合の時に魅せる華麗な守備の陰には、欠かすことのない基本があるのです。

習慣

42

理想の自分を演じてみる

理想とする自分像があるのであれば、それを意識して演じてみることも大切です。今の自分とは程遠いなと落胆していても何も始まりません。役者のように、別人になりきってみましょう。理想像が漠然としているなら、身近にいる理想に近い人の真似でもいいと思います。特定の一人でも、Aさんの挨拶の仕方、Bさんの会話の進め方、Cさんの交渉の仕方というように、複合的に自分の理想像を組み合わせて完成させてもいいでしょう。

この際に、その人の特徴を「大袈裟かな?」と思うくらいに際立たせてみてください。大袈裟に真似ることで、「何故この人はこのような特徴を出しているのだろう?」という疑問にぶつかり、その人が何故そのように話すのか、表情を見せるのか、行動をするのかという、その人の内面の意図をあなた自身でも感じ取ることができるようになります。

実はこの「何故」という意図の部分こそ、その人の本質的なものであり、とても大切なのです。本当は目に見えていることより、目に見えないの意図や考え方こそ真似て、自分の中に刻み込んでもらいたいのです。最初は意識しての手動化の真似が、繰り返されることで無意識のうちにクセづき、自然に出る自動化されたものに変化していきます。そうなった頃には真似ではなく、自分のものになっているはずです。その先は、本質的な意図や思考の部分はしっかりと押さえつつ、自分らしさを打ち出していってもいいと思います。

習慣
43

弱みを強みに変換していく

よく、自分の強み、弱みは何かといった質問を受けます。その度に、そもそも「強み」「弱み」とは何だろうと考えさせられます。誰がそれを決めているのかといえば、他ならない自分自身。この社会には勉強と同じで、人間としての平均値みたいなものが何となく存在していて、無意識のうちに刷り込まれたその平均値と自分自身を比較し、上回っていると感じたことを強み、下回っていると感じたことを弱みだと認識しているに過ぎません。

見方によっては、仮に平均を上回っていようが下回っていようが、平均値から外れているということは、普通とは違う目立つ特徴を持っているということでもあります。そう考えてみると、強みは強みとして大切ですが、弱みもまた人とは違う大切なものに思えてきませんか。人とは違うという点においては、弱みと自分で決めていることも一つの強みなのです。ここです、弱みと決めているのは自分自身だということです。自分が弱みだと認識しているからこそ、人から弱みを突かれるのを恐れて懸命に隠そうとするのです。

おどおどしていると人から弱みに見えてしまいます。逆に堂々とさらけ出して笑いにでも変えてしまえば、それが親しみやすさになっていくかもしれません。また長所も短所も表裏一体であるように、少し捉え方と表現を変えてそれを人前に出せば、弱みと決めつけていることでさえ強みに変えて、プラスの意味での個性をつくり出していけるでしょう。

習慣

44

プラスの行動を積み重ねて
プラスの気持ちを貯金する

失敗した時に「あの時に自分が良くない行動をした罰だ」というような思考をする方がいます。その良くない行動とは、ついついポイ捨てしてしまったとか、赤信号なのに無視して渡ってしまったとか、日常の些細な自分の行動。そんな罪悪感が後ろめたさになって心に残り、思考の中で罪と罰のような関連性で、自分の失敗と結びつけてしまうのです。

現実的に見ると、その行動と失敗とは直接的な関連性は何一つありません。もしあるとすれば、それはまさしく心の問題。「あの時にあんなことをしてしまった」というマイナスの気持ちが、失敗の原因になった可能性はあります。もしそうなら、逆にプラスの行動を積み重ねてプラスの気持ちを貯金しましょう。それは、道端に落ちているゴミを拾うでも、道を歩いているご老人の手助けをするでもいいのです。何かをする時に「良い行いをしてきたのだから絶対に大丈夫」と考えられれば、良い心の状態で臨んでいけるでしょう。ただし、良い行動で必ず良い結果がもたらされるというのは違います。それでも、自分の心がクリアで幸せな気持ちになり、間接的に心の安定に繋がっていけば良いと思います。

プロ野球の選手の中には、ファンの求めるサインにすべて応えている選手もいます。「サインをできないで終わると気になって試合にも影響するので、気持ち良く試合に入るためにも、自分の中に心残りを残しておきたくないんです」と話してくれました。

ヒント

5

体を健康にする

心身一如という言葉がありますが、心は身体に、身体は心に、相互に深い影響を及ぼしていきます。アスリートと接していてよく感じるのですが、身体がたるんできていると感じる時は、たいてい心も緩んでいたり、逆に、身体が引き締まっている時は、心もに張りがあったりします。

特にスランプのような不安定な状況に陥った時などは、心の不安定さがさまざまな身体症状になって現れます。心身的な胃腸の不調、皮膚への吹出物の増加、不眠症気味になったり、中には不整脈になる選手もいます。そうした体調の不良が心もさらに落ち込ませて、ズルズルとスランプが長引くこともあるのです。

その意味でも不安定な時には、心は当然のことですが、身体の健康を意識していくことは大切になります。身体から心へとアプローチしていくのです。

人間は、緊張した時には自律神経の交感神経が優位の状態になります。身体が緊張すると、唾液の分泌量が減少したり、心拍数が上がったり、血管が収縮したり、胃腸の働きが悪くなるなどのさまざまな症状が現れます。このように心が不安定な時には、そうした身体に現れるさまざまな症状を緩和させていくことで、心をリラックスさせ、安定した状態へと導いていく方法もあるのです。

現代人は生活も不規則になったり、多くのストレスを抱え込んだり、ネット社会の影響などによって、自律神経に乱れが生じやすいと言われています。ましてや、自分自身が不安定な社会状況に置かれると、不安や心配、無力感などに終始つきまとわれてしまうこともあるのです。

そうなると、身体にさまざまな不調が現れます。そうした体調の乱れがさらに心の乱れに繋がっていって、それがさらに身体へ……、という具合に負のスパイラルへと繋がるのです。その負のスパイラルをどこかで断ち切っていかないと、大変な心身不調に陥ってしまいます。不安定な時こそ、いつも以上に身体の調子に自分の意識を向けていくことが大切なのです。

不安定な時によくあるのが、生活の乱れ。そして気持ちが塞ぎこむと心も開放的にならないので、外出の機会が減りがちになります。そうなると当然、人とのコミュニケーションの機会も減少します。身体の安定を図る意味でも、こうした陥りがちな生活の習慣を意識して正していくことは、手をつけやすいことの一つだと思います。

習慣

45

通勤方法や経路を不定期に変える

人間というのは意識して一定の行動を繰り返していると、それが徐々にルーティーン化され、無意識に繰り返すようになります。日々の生活の中から例を挙げると、通勤方法や経路などもそれに当たります。

職場に着いて「さあ、仕事だ！」と思っても、すぐには頭が回らないという経験がある方は多いと思います。実は通勤時間というのは、仕事を始める前の頭のウォーミングアップをすることができる、貴重な時間でもあるのです。そこがルーティーン化してしまうと、マンネリ頭になり、頭の冴えが足らず、ミスなどを起こして気分が落ちこむということにも繋がります。それならば、この通勤時間を活用し、頭を活性化させるための刺激を入れるようにしましょう。

例えば、いつもは電車やバスなどの乗り物でボーっとしながら通勤しているのを、自転車や徒歩に変える。あるいは、いつもと違う道を通って経路を変えてみるのです。すると、清々しい気持ちになれ、頭も活性化した状態で仕事に臨むことができるでしょう。また、せっかく通勤方法を変えたのですから、音に耳を傾けたり、匂いに意識を向けたり、風景を観察するなど、できる限り五感を働かせてみてください。いつもとは違う時間を過ごすことで、新しい発想やアイデアも生まれやすくなり、思考力にも冴えが出てきます。

習慣

46

利き手・利き足とは反対側の手・足を意識して使う

右脳はイメージ力を、左脳は論理的思考力を担っています。そして右脳は左半身を、左脳は右半身を司っています。要は頭と身体はクロスしているのです。脳と身体は相互に影響を与えています。脳から身体はいうまでもありませんが、身体からの刺激も脳に影響を与えているのです。特に身体の末端部分の手足からの刺激には、大きな効果があります。

ウォーキングが脳の活性化に役立つとか、脳の損傷や萎縮に手足の運動が効果的だとかいう話を、皆さんも耳にされたことはあると思います。人間には、利き手、利き足というものがあり、日常生活における身体の使い方には偏りが見られます。脳のイメージ力も思考力もどちらも大切です。どちらの力もバランスよく鍛えていくためには、左右の脳に身体からの刺激をバランスよく入れていきたいのです。

そこで日常生活のちょっとした場面で、利き手や利き足とは反対側の手足を意識して使ってみてください。モノを書く際にペンを、食事をする際に箸を、モノを取る際に伸ばす腕を……。そうすることで、身体からの刺激で脳が活性してくれます。足に関しては、目を閉じての片足立ちを、交互に毎日3回ずつ行いましょう。ちなみにスポーツ界では、サウスポーの選手の動きは美しいと言われます。スポーツではイメージ力が大切になるので、左利きの選手の右脳への刺激もそれに関連していると考えられています。

習慣
47

大声で笑う

子どもは1日に300回笑うと言われます。一方、大人は20回だそうです。それほど、大人になると笑う機会が少なくなっているのです。笑うのが恥ずかしい、笑顔をつくるのが疲れる、と思うこともあるかもしれませんが、笑顔でいると楽しい気持ちになります。

私たちが笑うと、免疫のコントロール機能を司っている間脳に興奮が伝わり、情報伝達物質の神経ペプチドが活発に生産されます。その神経ペプチドは、血液やリンパ液を通じて体中に流れ出した後、ウイルスに感染した細胞などを攻撃するNK細胞の表面に付着し、NK細胞を活性化することで免疫力を高めます。逆に、悲しみやストレスなどマイナスの情報を受け取ると、NK細胞の働きは鈍くなり、免疫力もダウンしてしまいます。

ただ、免疫力は強ければよいものではありません。リウマチや膠原病などの自己免疫疾患と呼ばれる病気は、免疫システムが自分自身の体まで攻撃することで引き起こされます。笑いには、こうした免疫システム全体のバランスを整える効果があることも明らかになっています。つまり、大いに笑えば、がんやウイルスに対する抵抗力が高まり、同時に免疫異常の改善にも繋がるのです。また、笑いによって脳の血流が増え、リラックスすることで記憶力や思考力が高まることも立証されています。一日の中に意識して笑う時間をできるだけつくるようにしていれば、心身共にかなりのプラスの効果が期待できます。

習慣
48

一日20分間ウォーキングをする

社会人になると案外運動をしていないものです。そこで、生活の中に一日20分くらいのウォーキングを取り入れてみましょう。ウォーキング中の脳の働きは、体の動きと連動していて、身体はもちろん、メンタル面にもプラスの影響を与えてくれます。長時間座っていると、屋外で動いている時より認知機能の働きがはるかに鈍くなります。動物の脳にとって、座っている状態は「食事・睡眠・毛づくろい」をしていることを意味するからです。

一方、歩いている状態は「神経を張りめぐらせて狩りをしている」と認識され、脳の働きが活性化します。これに加えて、ウォーキングにはドーパミンやセロトニン、エンドルフィンといった「幸福ホルモン」や、アドレナリンの分泌を促す効果もあります。その結果、気分が明るくなり、元気で幸せで、満たされた感覚を得ることができるのです。

また、心身一如の言葉通り、感情と体の動きは同一です。精神状態は、姿勢やしぐさ、歩き方に現れます。心が落ち込んでいれば無意識に下を見てトボトボ歩いてしまうし、気持ちが乗っていたら前を向いてスイスイと歩いていると思います。感情が淀んでいるなと感じる時こそ、身体を動かすことで感情の淀みを解消していくようにしましょう。身体を良い状態に使っていけば、心もそのようになってきます。気持ちが落ち込んでいる時こそ、意識して前を向き、スイスイと歩くようにしましょう。

習慣

49

部屋の中の
配置を換えてみる

視覚の持つ役割にはとても大きなものがあります。みなさんが一日の中で一番多く目にするものといったら何でしょうか？　恐らく、自分の家の中や会社の中の風景だと思います。人は、慣れてきた風景は見ているようで、あまり目には入っていません。想像してみてください。いつも住み慣れた街の風景と、旅行先の風景、どちらがより目線が動くと思いますか？　当然、後者です。それは新鮮だからです。目線の動きと脳の働きとの関連性に関する研究では、目線の動きが活発なほど脳の働きも活発になるようです。

脳の働きが活発になると、メンタルの部分も活力がみなぎってきます。そこで、できるのであれば、会社の模様替えを定期的に行ってもらいたいのです。会社が無理ならば、せめて自分の意思だけで変更が可能な自分の部屋の模様替えを行い、新鮮な風景を自らつくり出してもらいたいと思います。同じ家具や生活用品であっても、空間の中の配列が変わるだけで目線の動きは活発化します。それも難しく感じられるなら、せめて家族と食事をする時の、テーブルに座る配列を変えてみるというのもいいと思います。

学校などで定期的に席替え行うのは、クラスのみんなと接する機会をつくるというのもありますが、生徒のメンタルに常に新鮮な刺激を与えて脳を活発にし、学習効果を高める狙いもあるのです。一日の中で多くの時間を過ごす場所の風景は、とても重要になります。

習慣

50

チョコチョコ勉強法を取り入れてみる

新しい環境で新しい事を一気に頭に詰め込もうとして、頭が痛くなった経験はありませんか？　それはきっと、頭が新しい刺激を入れることで疲労しているからです。脳は常に新しい刺激を求めますが、それが強すぎたり多すぎたりすると、拒否反応を起こして吸収力が低下します。そうした拒否反応を起こさないための、ちょっとした工夫があります。

例えば勉強の場合、一つの教科を一気に大量に詰め込むのではなく、一回に少しずつ学習するようにします。英語と数学と社会をそれぞれ1時間、合計3時間勉強するとしたら、180分を10分単位に区切り、英語10分、数学10分、社会10分、そしてまた英語10分、数学10分、社会10分……を繰り返すのです。常に頭を新鮮にしつつも、一回に頭の中に入れる刺激を少な目にする「チョコチョコ勉強法」。こうすることで脳がパンクするのを防ぎながら、効率良く勉強を進められ、結果的に当初の予定が達成できるのです。

それに加えて、そのローテーションの順番として「好き（得意）な学習内容⇓嫌い（苦手）な学習内容⇓好きな（得意な）学習内容」という順番が良いと思います。最初に好きなことで勉強の波に乗り、その波に乗って嫌いなことを乗り切り、最後に好きなことで全体の印象をプラスに持っていくのです。すると勉強後もスッキリ感が残り、頭のクールダウンにも移行しやすくなります。

習慣
51

スランプの時は敢えて動かず休む

多くの人は、今取り組んでいることが思うように進まない時、根底にある不安によって焦ってしまいます。そして、少しでも早く解決して、その状態から抜け出したいと思い、色々とあがいてしまうのです。あがくことは大切ですが、このような状態の時にあがくと、泥沼にはまることが多いように感じます。それは、焦りから冷静かつ長期的な視点で物事が見られなくなり、貧乏クジのような選択や短絡的な選択をしてしまうからです。

そんな時は少し時間を取って、その問題から自分自身を外して休ませることが大切です。スポーツ選手もスランプの時に、神経質になって深刻に迷い、いつも以上に練習量を増やしたり、ああでもないこうでもないとフォームをいじり回したりすることがあります。そして、ますますグチグチャになるのです。スランプの段階にもよりますが、初期なら2・3日ゆっくり身体と頭を休めて楽しく過ごしていれば、回復することはあります。

スランプになると、焦ったり、慌てたりして、余計にスランプに執着してしまいがちです。さらに日本では、ダメな時はいつも以上に練習をしろ！と言われることも多いと思います。そんなことよりも、心技体をリフレッシュさせてあげる方が、案外スランプ脱出の近道だったりするのです。日本人は休んだり、問題を一旦棚上げしたりしておくことが苦手なのですが、「解決のための積極的休養」くらいに捉えていけるといいと思います。

習慣

52

こまめな水分補給で一日に2リットル摂取するようにする

現代人はさまざまなストレスにさらされ、鬱には至らないまでも自律神経を乱している方が多くいらっしゃいます。自律神経が乱れてしまうと、メンタル面にもさまざまなマイナス影響を及ぼします。自律神経を整えるには、ストレスを溜めないことがとても大切ですが、そのために普段から簡単にできることがあります。それは水を飲むことです。

水分補給がメンタルに与える影響についての研究によると、①普段からたくさん水を飲む人が量を減らすと、平常心・幸福感・活力が下がり、全体的にネガティブな感情が増えた。②普段からあまり水を飲まない人が量を増やすと、眠気や疲労感が減り、集中力が上がった。③1日に2・5リットルの水分補給でもっとも気分が良くなった。という結果が得られたようです。夏場だけでなく冬場でも、毎日約2リットル、仕事の合間などにメンタルを意識したこまめな水分補給をするようにしましょう。ただし、コーヒーやアルコールは、ここでいう水分補給には当たらないので注意してください。

水に含まれるカルシウムやマグネシウムなどの成分には鎮静作用があり、体の内側から副交感神経を刺激。自律神経のバランスを整えられると言われています。夜寝る前にゆっくりとコップ1杯の水を飲むと、心身がリラックスして寝つきが良くなることもあります。体を冷やさないよう、一度、沸かしてから冷ました白湯を飲むのもおすすめです。

習慣

53

感情に対する感度を下げる

報告の場で叱責されたり、人から否定的な言葉をかけられたりすると、感情的になる場合があります。そうなると、感情に振り回されて論理的に説明できなくなったり、売り言葉に買い言葉のように感情がぶつかり合ったりします。すると、無用な摩擦が起きたり、話が一向に進展しないなど、何もいいことはないどころか、余計に面倒な展開になっていきます。そんな状況にならないためには、自分の感度を下げるのも一つの方法です。

まず、湧き上がってきた感情に執着するのではなく、3秒くらいでゆっくりと息を吸い込んで感情を一旦お腹の中に落とし、5秒くらいでゆっくり息を吐き出し感情を放出するイメージをします。次に、感情に論理で対抗します。自分の中に二人の自分をイメージし、感情的な自分をもう一人が論理的に説得するのです。「何かイライラするな！」「ここでイライラしてしまうと話がこじれて、後でさらに面倒なことになるよ。今は抑えておいた方が得だと思わないか？」といった具合です。最後に、ロボットにでもなったようなイメージで、単に相手の言葉だけを拾い、機械的に言葉を返します。

この際に、顔から全身までの筋肉の力を抜いて、身体の重心を下に落とすイメージを持つようにすると、感情を排除していきやすくなります。そのようにして感情に対するの感度を下げていくと、感情に左右されずに冷静に相手に対処できるようになるでしょう。

習慣

54

朝一番に鏡で笑顔の自分を見る

一日に何回くらい鏡で自分の顔を見ますか。自分の顔を意識して過ごしている人は少ないかもしれませんが、鏡で見た顔の印象は、無意識のうちにセルフイメージの中に刻まれています。もし、朝の鏡で自分の冴えない顔、ボーとした顔、イライラした顔を見てしまうと、自分に対して嫌な気持ちが生まれ、無意識に表情に出てしまうのです。鏡を見る時には意識して笑顔をつくり、笑顔の自分を見るようにしましょう。その時には、何か楽しいことを思い出すなどして、自然な笑顔を出せるといいですね。

笑えるような気分ではない場合でも、無理しても笑顔をつくり、鏡に映る笑顔の自分に対して一日のエールを送りましょう。「今日も一日この笑顔で頼むぜ！応援してるよ！」という具合です。誰も見ていないので恥ずかしがる必要はありません。とにかく笑顔で楽しい気持ちのセルフイメージを、朝一番につくり上げてしまうのです。

指導するプロ野球の選手には、試合前に大きな鏡の前で素振りやシャドーピッチングをさせています。これは、動きを確認すると同時に、鏡に映る自分の動きをセルフイメージに刻み込む作業でもあるのです。そして最後に「よっし！今日も最高の動きだ！全力でいけよ！」とセルフトークを口にします。顔もこうした動きも、自分自身で見ることができないからこそ、しっかりとプラスのセルフイメージでスタートを切っていきましょう。

習慣

55

呼吸を意識する

生活が不規則になったり、日常生活で過度なストレスを受けたりすると、心身の不調を感じてきます。その大きな要因として考えられるのが、自律神経の乱れです。自律神経は、活動している時や緊張状態の時に優位になる交感神経と、休息している時やリラックス状態の時に優位になる副交感神経から成り立っています。これらのバランスが乱れ、どちらか一方だけが優位な状態が長く続くと、自律神経が乱れて心身の不調が生じるのです。

自律神経をコントロールするのに一番効果的なのが呼吸法。呼吸を意識すると、交感神経と副交感神経のバランスをとることができます。中でもおすすめなのが「丹田腹式呼吸法」です。まずは椅子や床に座り、軽く目を閉じましょう。鼻から息を吸いながらゆっくり4つ数え、ヘソの下3センチくらいにある「丹田」と呼ばれる場所を固くします。この時、お腹が膨れるくらいまで吸ってください。胸は膨らませずに丹田を膨らませることを意識します。次に、息を止めてゆっくり3つ数えます。この際に丹田にしっかり力を入れます。そして、ゆっくり8つ数えながら、下腹部をへこませ息をすべて吐き切ります。

これを寝る前と朝起きてからの1日2回、それぞれ5回くらい繰り返します。日中にこの丹田腹式呼吸法を行うのは難しい時は、代わりに1時間おきくらいに深くてゆっくりとした深呼吸を3～5回行うのも良いでしょう。

ヒント

6

バランスを意識する

バランスボールやバランスボードなどを体験されたことがあると思います。不安定なモノの上にいることでバランスを崩しそうになって不安になり、ついつい身体が力んで、余計にバランスを崩してしまったという方も多いのではないでしょうか。

身体が力んで固まると、関節の可動域が狭まります。すると小さな可動範囲の中でバランスを取らなくてはならなくなるので、バランスを保つのが難しくなるのです。またそのような状態では、反射能力も低下します。そうなると、崩れそうになった時の素早い反応が取れなくなり、これまたバランスを保つのが難しくなります。

社会状況が不安定になると、心も、こうした身体と同じような状態に陥ってしまいます。狭く余裕のない心で不安定さに立ち向かわなくてはならないし、心もいつもより鈍化してしまいます。そうなると、余計に心もバランスを崩すのです。

人間は、不安定な状況に置かれると、その状況の中でこれから先に起こりうることを考えます。これを狭く余裕のない心の状態で考えると、ついつい悲観的なことが増えます。それは、バランスボールの上で不安定になった時に、落下することばかりをイメージするようなもの。不安定な時こそ、意識して心の幅を広くし、心の余裕を持つように心がける習慣がとても大切です。

ヤジロベエを想像してみてください。左右のバランスがとても大切です。例えば、自分の心がフラットな状態の時を、仮に中央のゼロ地点だとします。悲観的で、マイナスのことばかりを考えている状態をマイナス10地点とするなら、意識して反対側のプラス10地点くらい物事をプラスに考えてみるようにしましょう。そうなって初めて、心のバランスを保つことができます。

分かりやすく言えば、最悪のことを考えてしまっているなら、同時に最高のことも意識して考えるようにするのです。そうすれば心の幅がマックスに広がります。そのくらい広い心でいれば、「実際に起こりうることはその幅のうちの、まあ、どこかに収まるだろう」という腹も決まり、心にも余裕が生まれてくるでしょう。

暗い気持ちが10なら、意識して無理にでも10の明るい気持ちで振る舞ってみる。投げやりな気持ちが10なら、無理にでも10くらい必死に喰らいつく気持ちを持ってみる。このように自分の心の幅を意識して広げ、バランスを保っていく習慣がとても大切になります。

習慣

56

雨の日も晴れの日も
どちらも楽しむ

雨が続いた後の晴れの日は、なぜか気持ちが晴れやかになります。晴れが続いた後の雨の日は、どこか潤いが感じられます。晴れの日が良いわけでも、雨の日が良いわけでもなく、どちらも大切だと改めて気づかされるのです。気持ちだけでなく、晴れが続くと自然は砂漠化するし、雨が続くと洪水化します。自然の中で人間が暮らすというのは、適切な自然のバランスを保てるようにすることなのです。どちらがマイナス、どちらがプラスではなく、総合的に晴れにも雨にも感謝の気持ちを向けられる生き方は素敵です。

人は多くのことを、自分の都合で「好きだ」「嫌いだ」と判断しています。傘を差すのが面倒くさいから、洗濯物が乾かないから「雨は嫌い」。これは自分の都合です。天気だけでなく、自分に都合の悪いこともあってこそ、結果的にバランスが保たれているのです。嫌いなものは嫌いと短絡的に切り捨てるのではなく、敢えてそこに目を向ける習慣を持つようにしてみましょう。

嫌いだと思っていることが、実は自分自身のプラスに役立っているのかもしれないと考えてみるのです。口うるさい人は自分にとって面倒だから嫌いだとします。面倒かどうかは自己都合。では、誰も口うるさく言ってくれる人がいなくなったら……。これも困ったもの。このように、嫌いなものを嫌いで終わらせていかないことが大切です。

習慣
57

店員さんに「ありがとう」の言葉を伝える

人はともすると、自分側の目線だけで物事を見て、自分の側の考え方に沿ってそれを言葉にしてしまいます。例えば、親の立場なら子どもに教えてあげている。買い物に行けば商品を買ってあげている。こういった「～してあげている」という意識こそ、自分からだけの目線になる原因なのです。買い物だって、つくる人、売る人がいなければ、お客としての自分は成立しません。そうしたことに思いを馳せて、お店で店員さんに「ありがとう」の言葉を伝えてみましょう。この時に単なる言葉を口にするだけではなく、「自分は何に対して感謝しているのか」を、わずかでも考えてから言葉にできるといいですね。

言葉とは不思議なもので、相手の心の深くに届くものもあれば、耳元を素通りしていくものもあります。相手に届くかどうかは、言葉に自分自身の想いや愛情をどれだけ込めていけるのかだと思います。相手の性格や状況、どのように感じているのかなど、言葉にする前に相手のことを少しでもいいから想像してみましょう。

たとえ拙い言葉であっても、想いが込められた言葉は相手の心には届いていくのではないでしょうか。それが厳しい言葉でも、そこに愛情が込められていれば人には伝わっていくでしょうし、いくら美辞麗句を並べたとしても単なる言葉であれば、一瞬の耳障りの良さで素通りして終わってしまうのではないかと思います。

習慣

58

完璧主義をやめて60％で決断する

完璧主義は、高みを目指すという意味においてはとても素晴らしいことです。しかし、度が過ぎると決断力が鈍るという弊害も生じやすくなります。何かを決断しなくてはならない時に、完璧を求める余りに慎重に考えすぎてしまい、スパッと決断できないのです。しかし、未来のことは誰にも分かりません。その分からないことを、どれだけ考え抜いたところで100%確信を持てることはないのです。

おすすめしたいのは、60%の決断力です。自分の中での確信が五分五分よりも少し上回ったら、決断して進めるようにしましょう。60%から慎重に考えて、仮に80%にしたところで、どのみち不安要素は残ります。それなら素早い決断の方がメリットは多いのです。仮に決断をギリギリまで延ばしてしまえば、失敗してもリカバーする時間が少なくなります。素早い決断をすれば、時間にも余裕があるので軌道修正をかけていけるのです。

あとは、決断をする際の気持ちにも違いが出ます。考え抜いても最後には不安が残るのですから、決断したとしても迷いが強く残ります。それなら、60%で五分五分よりも勝算ありと潔く決断した方が、覚悟が定まるのです。完璧主義を、自分をより高みに導いていくという意味で持てているのであればプラスですが、不完全さや不確かさを許せないということであれば、マイナスにも作用します。どうせならプラスに活用していきましょう。

習慣
59

ときどき心に負荷と休息を与える

人間には、傷ついた部分が修復される際に元の状態よりも強くなって回復する「超回復」という機能が備わっています。身体のトレーニングは、ウェイトという負荷で筋肉を傷つけてから回復させる、スクラップ&ビルドを繰り返していくことで筋肉が太くなっていきます。これは心も同様で、何らかの負荷を与えて心が傷つき、回復すると、元の心の状態よりも強くなっているのです。強くなるためには、楽ではなく苦を選んで負荷をかけなければなりません。ただし、苦しいばかりでは続かないので、乗り越えた先にある快感を脳に刷り込ませていくことが、スクラップ&ビルドを繰り返す上で大切になります。

また、筋肉はただ太くて強くなればいいかというと、そこに柔軟性がなければ動くために使える筋肉にはならず、怪我にも繋がります。心も同じで強さとしなやかな柔軟性がなければ、反対に脆い心になってしまいます。心も身体も、厳しいけど踏ん張れば何とかなるかもしれない、現状の自分の110~120%に目標を設定するのが良いでしょう。

筋肉の超回復には休養と栄養が必要です。心にも、やみくもに負荷をかけ続けるのは良くありません。心に負荷をかけたら少しの休養と、自分自身を誉めたり認めたりという、心の栄養を与えましょう。そして、心も体もどこか一部が強すぎたり弱すぎたりすれば、そこから崩れてしまうので、トータルのバランスを見るようにしてください。

習慣
60

心の腹八分を心がける

もうちょっとやりたいな……、くらいでその日のやるべきことを終えられるといいでしょう。いわば「心の腹八分」。食事の場合、満腹まで食べてしまうと消化不良や、しばらくは食べ物も見たくないという状態になります。これと同じで、やるべきことを満腹になるまでやると、その内容を消化できる余裕もなければ、明日もやりたいという欲まで削がれてしまうかもしれません。一日だけ満腹になっても、やるべきことの成果が上がるわけではありません。毎日の意欲や成果を考えても、腹八分くらいが丁度いいと思います。

仕事などもそうですが、プロジェクトの最初の頃に、日々、心が満腹になるくらいまで根を詰めて働いて、ある時期からパタッと一気に意欲を失ってしまうような方を見受けます。何事かを継続していくためには、満腹状態では難しいのです。日々の中で少しずつ余力を残しておくことが大切です。また、同じことを同じようにやらないことも重要です。これも食事と同じで、いくら好きな食べ物でも毎日満腹になるまで食べ続けると飽きが生じます。飽きがきてしまうと、好きな食べ物でも嫌いになる可能性があります。

仕事ではメインのプロジェクトに一辺倒になるのではなく、適度にそれ以外の仕事もバランス良くやるなど、飽きを生まないような工夫が大切です。気分転換に、時にはそのプロジェクトに敢えて手をつけない、ということも必要かもしれませんね。

習慣
61

「4つの論」と逆の言葉を使う

結果「論」で言うことも、客観「論」で言うことも、傍観「論」で言うことも、自己「論」で言うことも簡単。でも、当事者にしか分からない状況や心情、苦しみや悲しみがあります。何の悪気はなくても、時に言葉は人を深く傷つけてしまうし、そして時に言葉は無力です。人はどうあがいても、当事者にはなれません。そこが本当に難しいところです。

結果論を口にすれば「結果が出てからなら好き勝手言えるだろう……」、客観論を口にすれば「そんな一般的な話は言われなくても分かっている……」、傍観論を口にすれば「外野だから言えること……」、自己論を口にすれば「考え方を押しつけるなよ……」、となります。お互いが強くそう感じることは少ないかもしれません。しかし、人とのコミュニケーションで、これらの言葉が相互理解の障壁になってしまうことは多いのです。

そこで、この4つの論とは逆の言葉を使うようにしましょう。それは、①相手の過程に重きを置く、②相手に共感する、③相手の立場や目線に立つ、④相手に対してあくまでもアドバイスをするというスタンスである、という相手に寄り添う言葉です。全体の会話の中の比率として（冒頭の4つの論の言葉）対（後半の4つの論とは逆の言葉）を3対7くらいになることを意識します。相手にとっては、あなたが親身になって寄り添って話をしてくれていると感じられ、コミュニケーションがスムーズに進んでいくでしょう。

習慣
62

「ありがとう」を口癖にする

あなたは普段「ありがとう」と「すいません」、どちらの言葉を多く使っていますか。日本の社会人は、無意識に「すいません」「申し訳ないです」を多く使っているという、言語学者の論文を読んだことがあります。しかも外国人が驚くのは、この言葉が謝罪の意味ではなく、感謝の意味で用いられている点だそうです。日頃から「～してもらって悪いね」よりも、「～してくれてありがとうね」と口にするようにしましょう。

もちろん「ごめんね」の言葉にしかできない表現もあります。でも、「ありがとう」の言葉を伝えたり伝えられたりした方が、心が温かく、幸せを感じられるような気がします。同じような心を言葉にするなら、幸せな言葉を使う方がいいです。感謝の言葉はいくら口にしても、磨り減るどころか、どんどんと心は豊かになっていくのですから。

あるプロ野球の球団で、試合前のミーティングで「サンキュータイム」という時間をつくりました。選手一人一人が試合前に、その日に球場に着いてからそれまでの中で感謝していることを、相手の名前を付けて伝えるのです。「〇〇トレーナー、今日は身体のマッサージありがとうございます」「〇〇選手、今日はバッティング練習のサポートありがとう！」など。そうやって、チーム全体に「ありがとう」の言葉が飛び交うと、ロッカールームが明るく元気になり、とても良い雰囲気で試合に入っていけるのです。

習慣

63

SNSと上手に付き合う

「SNS鬱」と呼ばれる人が増えています。要因の一つは、SNSで一日中多くの人の感情や思惑を拾い、自分の心が影響を受けて掻き乱されているということです。実生活で一日に会う人の数は、人によって違ってもせいぜい限られますが、SNSでは直接顔を合わせなくても間接的に人の影響を受けるので、心の処理能力を超えてしまいます。誰もが良い心の状態で投稿しているわけではなく、短い文章でも投稿者の心の状態が出てしまうもの。しかも短時間で次々に投稿を目にすれば、喜怒哀楽の感情が行ったり来たり、アップしたりダウンしたりして、心の疲労感は大きくなるのです。そんなことが一日に幾度となく繰り返されると、無意識のうちに心はダメージを受けます。

それを防ぐために、SNSから離れる日や時間をつくるようにしましょう。難しければ自分の心にフィルターをかけて、極力感情を拾ったり、感情を振り回されたりするのを防いでいきます。では、フィルターのかけ方ですが、投稿の内容に感情移入しないために「投稿を読む」という意識ではなく、「投稿を見る」という意識にしておくことです。

あとは一行読みです。投稿の一行目を読んでみて、気持ちがマイナス方向に引っ張られそうなものは、それ以上読み進めないことも大切です。もちろん、自分にとってプラスになる投稿はしっかりと読み込んで良いでしょう。その取捨選択がとても重要です。

習慣
64

創作料理をつくる

「感覚」というのは常に磨いておきたいもの。そんな脳の中の感覚的な部分に、楽しく刺激を与えることができる方法の一つが、創作料理をつくることです。人間の味覚は感覚の中でも強く、頭の中には何となく、それぞれの素材の味覚のイメージがあります。これを「感覚イメージ」といいます。まずは、レシピなどを一切見ず、この感覚イメージの中だけで、創作料理をつくってみてください。「塩加減」などの微妙な感覚や、それぞれの素材を自由に組み合わせて美味しいと思う味を想像しながら。実は、料理をつくることそのものよりも、この頭の中での想像こそ、感覚を磨いていく上では重要になります。

次に、実際に調理します。そして感覚イメージの中の味と、実際に食べてみた味とを比較して、頭の中の感覚イメージを実際の味に修正していくのです。スポーツは身体感覚ですが、あらゆる感覚的なことというのは、こうした頭の使い方と同じ過程をとっています。

指導する水泳のオリンピック選手には、敢えて他の競技の体験をさせたり、他の競技のオリンピック選手と話をさせたります。そこで得た身体感覚を、頭の中で水泳の動きの感覚と組み合わせるなどして、創作料理と同じように、より進化した動きをつくり出すようにしていきます。そんな中で「力の入れ加減」などの感覚も磨かれていくのです。まさに、異なる素材の味覚イメージを組み合わせるのと同じです。

習慣

65

反対側からの目線も忘れないようにする

あなたにとって「一年」という長さは長いですか？　短いですか？　長いと答えた方には人の一生を、短いと答えた方には一日の過ごし方を考えてもらって、その後に同じ質問をすると、答えが変わっているかもしれません。このように、ほんの少し見方や捉え方を変えると、同じ事柄でも見え方や感じ方は変わっていくのです。

日々の生活でも、これは自分にとって不利だとか、マイナスだとか考えてしまうことがあると思います。そんな時は、自分にとって有利であったりプラスに思えたりする見方を探し出していくことが大切になります。また、一方からだけでなく、反対側からの目線でも見れば、思いもよらない発見があるかもしれません。

よく使われる逸話ですが、「あるシューズメーカーの営業マンがアフリカのサバンナに靴の営業に派遣されました。サバンナの住人たちは全員裸足で誰も靴を履いていません。あなたが営業マンならどう考えますか」という問い。一足も売れないと考えるのか、逆に靴の良さを理解されれば全員に履いてもらえる独占市場だと考えるのか。「現在は全員裸足」という状況をどう見るかで、天と地ほどの開きができます。今しか見なければ絶対に不利です。しかし、今⇓未来、未来⇓今という具合に見方を変えることができれば、現状の捉え方が変わり、自分がやるべきことも明確になって有利に考えていけるでしょう。

習慣
66

楽観主義を心がけ自分の実力を認める

ある大学で数百人のビジネスパーソンを調べたところ、楽観主義者は悲観主義者よりも早く昇進する傾向が40％、仕事に意欲を持っている傾向が6倍高いという結果が出ました。逆に、燃え尽きてしまう傾向は5倍低かったそうです。また大手保険会社の営業員を対象にした調査でも、楽観主義者は悲観主義者に比べて販売成績や仕事継続率が高く、離職率が低いといった結果が出たようです。このようなことからも、自分自身を少しでも楽観主義に近づけていきたいものです。

楽観主義者の大きな特徴は、成功は「自分の実力だ」と考え、失敗は「運が悪かった」「あの人の理解する力が足りない」など、原因を自分の実力以外の要素に求めることです。逆に、悲観主義者は、成功の原因は「運が良かったから」と自分の実力以外の要素に求め、失敗は「自分の実力が足りないせいだ」と考えます。悲観主義者が自分の実力を認められないのに対し、楽観主義者は自分の実力をいかなる状況でも否定することがありません。

日々、自分の実力の否定を積み重ねていく人と、自分の実力の肯定を積み重ねていく人とでは、何かをしようとする際の心持ちに大きな差が生じてきます。楽観主義はともすると自信過剰になる危険性もありますが、実力を高めることは忘れないように心がけて、あくまでも出た結果に対しての自己評価や受け止め方を変えていけばいいのです。

ヒント

7

柔軟になる

「柔軟」という言葉を聞くと、強く記憶に残っている一つのシーンが思い浮かびます。指導していた一人の柔道選手。彼の哲学は小さな頃からずっと、一本勝ちにこだわるというものでした。しかし、オリンピックの準決勝で足を痛めてしまいました。その不安定な状況の中で、彼が選択したのは「金メダルのためにはポイント勝ちに切り換える」というものでした。小さな頃からのこだわりを捨てて、戦い方を柔軟に変更したのです。

「柔よく剛を制す」という言葉があります。剛には剛の強さがありますが、不安定な状況においては特に、柔の持つ強さが際立つように感じます。不安定な状況というのは、ある意味で先行き不透明ということでもあります。不透明な時には、その状況、状況に、柔軟に対応できる方が安定感を保っていけるはずです。良い意味での変化していける力と言えるでしょう。

心の柔軟性は、心のバランスを保っていく上でとても大切な要素になります。この心の柔軟性を失わせてしまうのが、強い思い込みや強い執着心、義務感だったりするのです。強い思い込みがあれば「これは◯◯に違いない」、強い執着心があれば「これは◯◯するしかない」、強い義務感があれば「これは◯◯すべきだ」といった具合です。

そうなると、不安定な状況であってもそうした思考に縛られてしまって、心が頑なになります。すると、状況に応じた順応性や柔軟性が失われ、状況と自分自身の心の中にどんどんズレや葛藤が生まれてきて、心は不安定感を増幅させていくことになるのです。

そうは言っても、ただ状況に応じて、節操なくコロコロ変えていけばいいというものではありません。イメージ的には水のような感じです。水は液体ですから柔軟です。寒くなれば氷になるし、暑くなると水蒸気になります。柔軟に変化はしていても、その本質は水であることに変わりはありません。

ここが大切なのです。本質がブレてしまうと、それはそれで自分が何をやっているのか分からなくなり、心は迷走してしまいます。心も、そのような決して本質はブラさない柔軟性を持ちたいものです。不安定な時こそ、こうした心の柔軟性を持っていくことを、意識して心がけていきたいものです。

心が柔軟になれば、いかなる状況も柔軟に受け止めて、柔軟に行動にも移していけるようになります。変化することを不安に感じる必要はありません。大きな意味で、誰もが時代によって生活のあらゆることを変化させてきているのですから。

習慣
67

一日10分
妄想を遊ばせ
固定観念を壊す

人は何かをしようとする時に、自分なりの方法を考えます。方法が見つかればやるし、見つからなければ無理だと諦めます。問題はここです。「方法が見つかっていないだけ」なのに、本人の頭の中では「方法がない」という結論に至っていることが多いのです。

東京のある高校野球の強豪チームでは、グラウンドが狭いために外野ノックができませんでした。そこで、校舎の屋上からボールを投げて外野フライの練習をしたのです。人は方法を考える時に、自分の固まった思考の中で考えます。「野球はグラウンドでやるもの」という考えに縛られると、校舎の屋上からという発想は生まれません。固定観念を壊すためには、「妄想で遊ぶ」ことが必要なのです。妄想の中では何の制限もなく、すべてが思うまま。本当に自由です。何者にもなれるし、何事も成し遂げられます。その内容が無茶苦茶でもいい。というか、無茶苦茶な方がいいのです。なぜなら、ありきたりなことしか考えることができない頭の、柔軟体操なのですから。

現実的にどうやるかではなく、妄想で何でもできるんだという頭をつくり上げていく。現実の範囲にはない答えも、現実と妄想の範疇にはあるかもしれません。大人になると、現実や常識に縛られた固定観念に支配されていきます。大人だからこそ、妄想で遊ぶ時間を意識的に持つことが大切になるのです。

習慣

68

積極的に年下に意見を求める

他人の話を素直に聞くのが苦手という方は、積極的に年下の人に意見を求めてみましょう。人は無意識に相手を自分より上か下か、あるいは同等か、などと序列をつくって話を聞いているものです。年齢がそれを決める唯一のものではありませんが、先輩後輩が明確な日本社会では、年下＝若輩者という意識の方が多いように感じます。後輩から何かを言われても「年下のくせに生意気な」という意識が、人の話を素直に聞く邪魔をすることがあるのです。だからこそ、敢えて自分より年下の人に意見を求めてみてください。

この時、漠然と話を聞くのではなく、相手の得意としている内容についての話を聞くように心がけてみましょう。それはスマートフォンの使いこなし、SNSの活用方法などでもいいのです。やはり、自分の知らないことを知ることができるのは楽しいものです。年上だから年下よりも何でも知っているとか、優っているとかいう、間違った自分の頭の中を是正し、人の話は楽しいものだという認識を植えつけていきましょう。

楽しいと認識できるようになると、好奇心が強く生まれてきます。それこそ相手の話を素直に聞けるようになる一番の近道です。「世代が違うから理解できない」ではなく、「違うからこそ自分の知らないこともたくさんあるのだ」と聞く意識が変われば、案外聞いていて好奇心を刺激されることは多いのです。

習慣
69

子どもの頃の遊びに夢中になる

もし「今から一緒に泥団子をつくって遊びましょう」と言われたら、あなたはやりますか。多くの方は手が汚れることなどを理由に、断るのでないでしょうか。子どもの頃、泥団子をつくるというのはとても楽しかったはずなのに、なぜ今はやりたくないのか。よく、好きなことや楽しいことが見つからないという方に出会いますが、大人になると、好き、楽しいの感情より、損得計算から物事を見始めます。よって心の根底に「泥団子をつくって何か得はあるの？手が汚れるだけ損だよ」という考えが生じてしまうのです。

大人は生活していかなくてはなりませんから、子どものように無垢な気持ちだけで生きろということではありません。しかし、まずは損得計算を頭から外して、純粋に楽しいこと、好きなことをやってみてもいいと思うのです。

そして、大人が子どもと違うのはここから。例えば、泥団子をつくって楽しいと思えたら、この泥団子に植物を植えつけてインテリアにしてみようとか、泥団子を発展させて陶器にしてみようなどと、仕事へと発展させていく頭脳を持てているということです。損得計算を使うなら、ここで使いましょう。純粋な気持ちで好きなことを素直に感じて、それを仕事の形に繋げていくのです。損だから、得をもたらさないから、と好きなことを自分の中で消去していったら、選択肢は減っていく一方でもったいないと思います。

習慣

70

困難に直面した時は謎解きのように考えてみる

人は何か大きな問題に直面すると、精神的に追い詰められた感覚に陥り、視野が狭くなります。そうなると問題を一つの側面でしか見ることができず、正攻法しか思いつかなくなるのです。もちろん真正面からぶつかっていくのも一つの方法ですが、それで自分が壊れてしまいそうなら、上手にいなしてみたり、一度後退してみたり、時にはかわしてみたりしましょう。もちろん、大丈夫そうなら真っ向勝負してみるのがいいとは思います。つまり、問題を投げ出して逃げるのでなければ、対処の仕方は色々あるということです。

そこで大切になるのが、さまざまな問題解決の方法を模索する遊び心です。目の前の問題を、誰かから出題されたクイズやなぞなぞ、謎解きのように捉えてみてください。クイズですから、必ず答えは見つかると言い聞かせましょう。そしてテレビを見ている時のような、一視聴者的な感覚で問題を見るようにします。きっと、その時には遊び心が自然に発揮されて、色々なアイデアや発想を働かせているはずです。

ポイントは、頭を頑張らせようと力むのではなく、反対に頭を緩ませて柔軟性を持たせるということです。そうやって、できる限り最大の知恵を絞り出してみましょう。あの手この手で、押したり引いたり、回り込んでみたり、ひねってみたり……。あらゆる角度から解決策を巡らせてみることが大切です。

習慣

71

プラスに転換できる接続詞を用いる

困難の壁にぶつかったような時、瞬間的に浮かぶ接続詞はどんな言葉ですか？「もう～」でしょうか、「まだまだ～」でしょうか、それとも他の言葉ですか？　頭の中を「もう～」が占領していくと、すべてがマイナスに見えてきます。「もう間に合わない」「もう無理」という、諦めや終わりの方向に思考が向かっていくのです。「もう～」からは何も生まれません。「まだまだ～」に切り替えていきましょう。

「まだまだ～」は未来を切り拓き、未来をつくり出していく接続詞です。「まだまだここから」「まだまだ何とかできる」というように、この接続詞の後にはプラスの言葉が続きます。終わりは、終わってから考えればいいことです。終わってもいないうちから、自分の中で勝手に終わりをつくり出してはいけません。だからこそ、接続詞は大事になるのです。

他に「しかし」も使いたい接続詞です。その直前の感情がいったんリセットされ、少なからず、心を違うベクトルに向かわせることができます。現実に横たわっている困難な状況を、「しかし」とはねのけて、プラス思考に転換していきやすくしてくれます。「この壁にはずっと苦悩している。しかし、この問題から逃げずに向き合えば、きっと自分は成長できる」という具合に。たった一語ですが、間にはさむことで物事の捉え方を逆転し、ネガティブと思える出来事から、ポジティブな意味を見つけ出すことができるのです。

習慣

72

目的と手段を明確に区分する

「朝令暮改」は、朝出した命令が夕方には改められ、命令が頻繁に変更されて一定しないという、悪い意味で使われることが多い言葉です。確かに平時にこれでは困ります。しかし、事態が刻々と変化する緊急時には、自分が出した指令にこだわりすぎて変えることをしなければ、変化に対応できず、マイナスに作用してしまうこともあるのです。

状況の変化によるベストな対応策というのは、変化して当然でしょう。「一度口にしたことを引っ込めるのは……」とか、「一度出した命令は最後まで貫かなくては……」と思いすぎると、柔軟性や臨機応変さが失われます。これは自分が自分自身に出す指令でも同じ。ここで大切にしなくてはならないのが、目的は絶対にブレてはいけないということです。

野球を例にすると、このイニングに「一点を返して同点にする」という目的があったとします。1アウトでランナーが三塁にいる場合、欲を出して「逆転する」と目的が変わっては、打者は何をすればいいのか分からなくなります。目的は変わらずになければいけません。しかし、目的が同じでも、相手の守備状況やカウントなどが逐一変化する中で、手段は変えていくべきです。一つの手段にこだわっていると大変な失敗に繋がります。これは何事においても同じです。目的と手段は明確に区分して考えなくてはいけません。そして、変えてはいけないもの、変えなくてはならないものも理解しておく必要があります。

習慣

73

遊び心を取り入れて楽しみながら実行する

遊び心のある人は、どんなことをする時にも楽しそうです。しかし、楽しそうにはしていますが、決して無意味に遊んでいるわけではありません。スポーツの練習を例に挙げてみると、ただダッシュを何十本とやっても嫌になりますが、グランド内で鬼ごっこや紅白対抗リレーなどをすれば、盛り上がって、楽しみながら必死に走れると思います。やりたくない練習を、いかに楽しくやりたい気持ちにしていくか。それを工夫する遊びの部分は大切な気がします。

練習は、苦しむためにやるものではありません。同じ効果を期待するのであれば、単に苦しいだけのことをするのではなく、いかにそれを楽しんでやることができるかを考えて、方法を選択していけばいい。その方が、結果的に真剣に取り組むことができます。

遊び心を生かすためには、目的を明確にしていくことが大切です。真剣に手を抜かずに走ることが目的なら、次のように考えていきます。①どうすれば真剣に走れるのか？⇓②競わせれば真剣に走るのではないか？⇓③どうすれば楽しい気持ちで競えるか？⇓④ゲーム的な要素を加えるといいのではないか？⇓⑤走ることに加えられるゲーム的要素は何だろう？　このように鬼ごっこやリレーのような方法を導いていくのです。目的が変わっては意味がありません。目的を楽しい気持ちで達成していくことこそが遊び心です。

習慣

74

苦手なことを得意なことで代替する方法を考える

苦手なことは誰にでもあります。奮起して苦手なことに挑戦しようと思っても、なかなか思うようにいかず嫌になり、途中で投げ出してしまうという方も多いと思います。ここで、少し自分の中の発想を変えてみましょう。苦手なことを得意にしていくのではなく、自分が得意なことを活用して、苦手なことをしなくても済む方法を考えるのです。代替の方法を考えて、苦手というマイナスを、得意なことでプラスに転換していけばいいのです。「これしか方法がない」という自分の頭の中の思い込みを、打破していきましょう。

例えば、パソコンが苦手で字がきれいなのであれば、手書きの文書にしてみます。味気ないパソコンの文字よりも、手書きの方が気持ちを伝えられるかもしれません。苦手なことに対して苦手という意識が働きすぎると、精神的に追い込まれてしまい、自分の得意なことさえ見えなくなります。また、日頃から得意でも苦手でもなく普通にやれていることに対しても、そのやり方ではなく自分の得意なことを生かして、別の方法はないかなと考える習慣を取り入れてみてください。

「苦手だからできない」ではなく、「工夫次第で苦手なことをしなくてもいくらでもできる」と考えていけると、何事をやる上でもブレーキをかけずに進めていけますよね。もちろん、苦手なことも少しずつでもできるようにしていければ、さらにいいと思います。

習慣
75

セルフイメージを打ち破る

子どもの頃には夢があり、将来何にでもなれる自分を想像できたと思います。しかし、大人になると「自分なんてこんなもんだ」と自分の殻に閉じこもりがちになります。それが大人になることであるなら、悲しすぎますよね。人間にはいくつになっても、できることが無限にあるにもかかわらず、自分でセルフイメージの線を引き、輪郭の枠をつくっているのです。枠内のことはできて、枠外はできない。人間の可能性を考える時、このような中途半端なセルフイメージを持ってしまうのは、もったいないように感じます。

そのセルフイメージがどうやってつくられたのかを考えてみると、今に至るまでの自分の経験によるものだけです。例えば勉強をサボり続けてきて「どうせ自分は頭が悪いんだ」というセルフイメージを持っているに過ぎません。今の自分が「今さら仕事でも頭を使うのは無理だよ」と考えてしまえば、未来のセルフイメージは何一つ変わりません。

人生は可能性を広げる旅のようなもの。「自分はせいぜいこんなもの」と小さくまとまっていては、人生はもったいないと思いませんか。「こんなもの」という余計なセルフイメージなんて必要ありません。外には無限に可能性があるのですから。まずは、今までできなかったことや、やってこなかったことを「やる」ことでセルフイメージを打ち破りましょう。そして、自分の中にある無限の可能性を信じられる生き方をしていきましょう。

習慣

76

whatから howに変えていく

サラリーマンの方からの「やりがいのない仕事をしていて、モチベーションが上がらない」「今やっている仕事に何の楽しみも見出せない」という声をよく耳にします。しかし、人生は何をやるか（ｗｈａｔ）以上に、いかにやるか（ｈｏｗ）が重要だと考えています。さらに、その何かというのは、究極に言えば何でもいいのではないかと思うのです。

どれだけ好きなことをしたとしても、それに甘んじたり手を抜いていい加減に取り組んだりしていては、人間力は低下していく一方です。逆に好きではないことであっても真摯に向き合い、その環境の中で自分を鍛え上げていければ、その方が人間力は高めていけるはず。何（ｗｈａｔ）を楽しめずモチベーションを下げるのではなく、いかに（ｈｏｗ）を工夫していくことで創造力を働かせ、それを楽しむことが大切になります。

指導するＪリーグのある選手は、ボールを使ったサッカーの練習は楽しそうなのですが、筋力トレーニングはつまらなそうで、決められたメニューを単に消化している印象でした。そこで、身体をいかに効率的に使って力をアウトプットしていくかを教えました。要は身体を酷使するのではなく、頭を使って合理的に動かすやり方にしたのです。彼からすれば嫌なことを効率良くやれるのは、逆に好都合だったのでしょう。本来のサッカーの練習でも、頭を使って効率的にプレーできるようになり、日本代表選手にまで成長しました。

習慣
77

子どもや動物と接するようにする

よく「人間の一番のストレスは人間」と言われます。例えば、人が二人以上集まれば、リードする人とリードされる人ができ、どちらもがリードする側に回ろうとすると、そこで衝突が生じてストレスを感じるのです。その根底にあるのは、相手を自分の意のままにコントロールしたいという欲求。もちろん、時にリードする側になったり、される側になったりしますが、リードされる側になった時に過度なストレスを抱えないためにも、日頃から自分の意のままにならない相手と接して、それに慣れていくことも大切です。

その相手とは子どもや動物です。子育てを経験された方が人間的に丸くなるということをよく耳にしますが、まさしく自分の意のままに全く動いてくれない子どもに振り回されるからでしょう。子どもに振り回されても、「子どもだから仕方ない」という良い意味での諦めが生まれます。諦めというと良くない言葉のように聞こえますが、どうしようもできないことに対しては、諦められないことの方がストレスになります。そこでの慣れが、対大人でも自然に出てくれれば、諦めがプラスに働くこともあるということです。

まずは子どもや動物を相手に、プラスの諦め方を身につけていきましょう。そうすると、大人に対してもリードされる側に立たされた時や、自分と合わないと感じた時に、良い意味での諦めができ、ストレスを必要以上に溜め込まなくても済むようになります。

著者プロフィール

高畑　好秀（たかはた・よしひで）

1968年、広島県生まれ。早稲田大学人間科学部スポーツ科学科スポーツ心理学専攻卒。日本心理学会認定心理士資格を取得。早稲田大学運動心理学研修生終了後、プロ野球、Jリーグ、Vリーグ、プロボクシング、プロゴルファーなどの数多くのプロスポーツ選手やオリンピック選手などのメンタルトレーニングの指導を行なう。アスリート以外にも、囲碁や将棋のプロ棋士、ダンサー、芸能人、芸術家、経営者、作家、音楽家などのパーソナル・メンタルトレーニングの指導も行い、ビジネス、スポーツ、教育、健康、など幅広い分野で活躍。テレビ、ラジオ、雑誌、講演などを通してメンタルトレーニングの普及に務め、スポーツメンタル、ビジネスメンタルに関する著書は80冊を超える。

不安定な世の中を生きる7つのヒント
心を強くする小さな習慣

2021年2月18日　初版発行

著　者　高畑好秀
発行人　田中朋博

発行所　株式会社ザメディアジョン
〒733-0011
広島県広島市西区横川町2-5-15
TEL 082-503-5035　FAX 082-503-5036

企　画　西村公一
編　集　滝瀬恵子
装　丁　村田洋子
校正・校閲　大田光悦・菊澤省吾
D T P　STUDIO RACO
イラスト　佐々木瞳

印刷・製本　株式会社シナノパブリッシングプレス

Printed in Japan ISBN978-4-86250-696-2